Helga Tiadisa Wenzl

Das Schicksalsrad der Druiden

Die Befreiung des ICHs

Antworten der Druidin

Das Schicksalsrad der Druiden

www.druiden.at

1. Auflage 2015

ISBN 978-3-7386-5175-1

Bilder: Helga Tiadisa Wenzl – Rollbilder auf Cotton
Zyklen »Keltische Mythologie« und »Mandalas«

Gestaltung & Satz: Josef Ursol Wenzl, Brigitte Maurer
Herstellung & Verlag: BoD – Books on Demand, Norderstedt

Inhalt

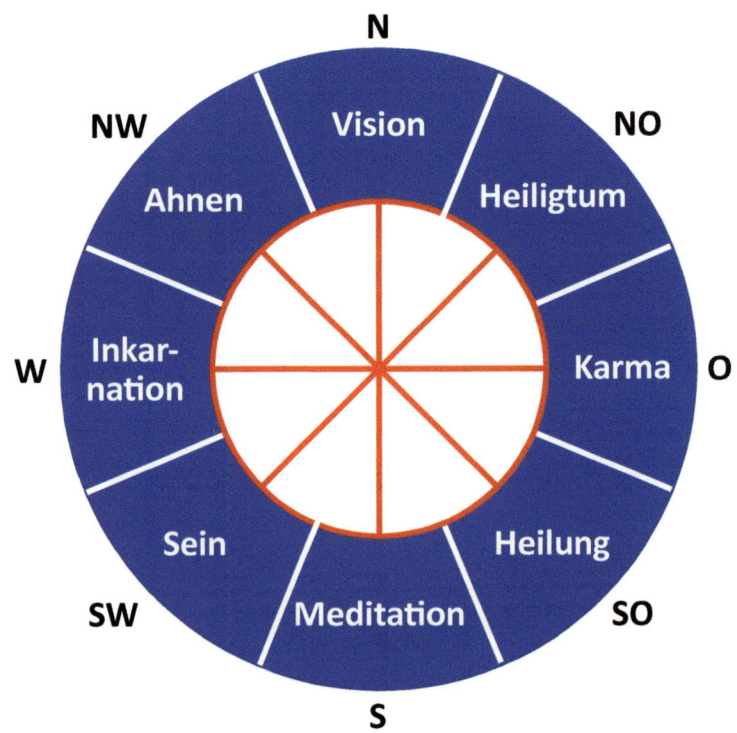

N

NW   NO

Vision

Ahnen   Heiligtum

W   Inkar-nation   Karma   O

Sein   Heilung

SW   Meditation   SO

S

Das Schicksalsrad

der Druiden

Jeder kam bereits auf seinem Lebensweg irgendwann in eine scheinbar ausweglose Situation, eine Sackgasse. Nichts ging mehr! Ob auf physischer oder psychischer Ebene, egal, denn beide sind untrennbar miteinander verbunden, »bis dass der Tod sie scheidet«.

Aber bis dahin ist doch wirklich noch Zeit, oder? Das Leben ist einfach zu schön, zu einzigartig, trotz mancher Misere und scheinbarer Ausweglosigkeit.

Das Malheur, die Scheidung, der Konkurs, das Burnout, der körperliche oder seelische Zusammenbruch, das momentane Drama, welcher Art auch immer, könnte doch vielmehr ein Hinweis sein!

Was habe ich nicht beachtet, übersehen? Wieso kam es so, wie es jetzt ist?

Oft sind die Menschen fixiert auf die Agenda, die Planung, die Strukturierung ihres Lebens. Sie hadern mit ihrem Schicksal. Und übersehen dabei oft, dass sie das Netz, gleich einer Spinne, meist selbst »gesponnen« haben. Doch statt dem erhofften Gelingen, Glück, Erfolg stehen sie oft vor dem Zusammenbruch ihres Traumes, ihrer Vision.

Der erste Schritt aus diesem Desaster ist, wäre die Veränderung des Standpunktes, der Sichtweise. Oft genügt ein kleiner Schubs in die richtige Richtung, der den Wechsel der Perspektive anregen würde. Eine Neuorientierung, eine bisher nicht erkannte Möglichkeit, Richtung.

Viele Ratsuchende begegneten mir auf meinem Lebensweg. Sei es im Einzelgespräch, in einer ganzheitlichen spirituellen Beratung, bei einem Coaching oder auf Basis einer Gruppenarbeit, in Seminaren oder Workshops. Viele fanden dabei den richtigen Rat, schöpften Kraft aus dem Schicksalsrad der Druiden.

Glück, Trauer, Zufriedenheit, Neid, Sehnsucht, Begierde … Sind dies nicht ganz individuelle Besetzungen? Für die einen das ausweglose Chaos, für die anderen die Loslösung, die Wende, ein Neubeginn.

Ehrlich – von Mensch zu Mensch, jeder steckte bereits einmal im selbst geschaffenen Morast, gleich ob emotionaler oder intellektueller Irrwege. Rückblickend erweist sich meist die Notsituation als segensreicher Einhalt. Eine Zeit der Einkehr zu sich selbst.

Gewiss, im aktuellen Moment ist jeder Mensch gefangen in Trauer, Verzweiflung, Wut, aufgrund des scheinbar irreparablen Desasters.

Denn unausweichlich ist das Schicksalsrad:

Das Rad, es dreht sich immerfort,
zu jeder Zeit, an jedem Ort,
dem einen zu langsam,
dem anderen zu schnell,
so ist nun mal der Lauf der Welt.

Karma

....

Osten

Der Start
in den nächsten Lebensabschnitt –
Ein Loslösen vom Alten

Ist Karma Fluch oder Segen?

Es ist eine Chance. Das Schicksal liegt in deiner Hand.

Wie entsteht Karma?

Durch all das, was du denkst, sagst, tust. Aber auch durch das Nichtdenken, Nichtsprechen, Nichttun.

Gibt es gutes oder schlechtes Karma?

Je nachdem, oft genügt ganz einfach der Wechsel der Perspektive.

Braucht es Karma?

Unbedingt – wie das Mineral den Schliff, welcher den verborgenen Edelstein sichtbar macht.

Was bedeutet Karma?

Dass ausschliesslich du für deine Vergangenheit, Gegenwart und Zukunft verantwortlich bist.

Entspringt Freud und Leid von heute meinen Vorleben?

Du kennst die Freude und das Leid jetzt – darum erkennst du auch bei ehrlicher Betrachtung die Ursache der Wirkung.

Ist Karma gegeben oder wähle ich es selbst?

Sowohl als auch. Deine Gedanken, Worte und Taten formten und formen dein Karma.

Wie erkenne ich mein Karma?

Indem du frei von jeglicher Beeinflussung deine Entscheidungen, deine Handlungen setzt.

Lebe ich mein Karma?
> Dein Spiegelbild gibt dir Antwort.

Gibt es richtig oder falsch?
> Das ist vom Ziel und den Erwartungen abhängig.

Welche Konsequenzen hat eine falsche Entscheidung?
> Irrwege und Umwege. Bestenfalls eine Erkenntnis.

Bin ich entscheidungsfähig?
> Nein, wenn du so fragst.

Habe ich mir meine Eltern ausgewählt?
> Gewiss, ob die Kriterien deiner Wahl für dich umsetzbar, brauchbar sind, erweist sich im Leben.

Wurde ich entschieden?
> Du hast dich selbst aufgedrängt – »geopfert«.

Wie kann ich mich vom Karma befreien?
> Brauchst du nicht, im Diesseits erledigt das der Tod.

Muss mein Leben so sein?
> Du bist Lenker, Lenkerin deines Schicksals.

Entscheide ich selber?
> Suche keinen Schuldigen.

Lebe ich mich selber?
> Wenn gewünscht, ja.

Gibt es ein Leben ohne Karma?
> Nein, denn Karma ist die Würze des Lebens.

Wie entscheide ich richtig?

Wenn Gegebenheiten, Vorstellung und Wünsche übereinstimmen.

Gibt es Schicksal?

Es gibt Ursache und Wirkung.

Vorbestimmt oder selbstbestimmt?

In der Vergangenheit hast du die Gegenwart gestaltet. Jetzt legst du den Samen für die Zukunft.

Gibt es irgendwann kein Karma mehr?

Das liegt ganz allein an dir.

Kann ich mich vom Karma »freikaufen«?

Ist wahre Liebe, ein sinnvolles Leben käuflich?

Kann ich Menschen aus früheren Leben hier und heute wiedererkennen?

Nur wenn wirklich eine Notwendigkeit besteht und auch sie es wünschen.

Wie erkenne ich karmische Beziehungen?

Sobald es stimmig in dir klingt.

Wie zeigt sich der Tod?

Rechtzeitig, unaufdringlich, daher übersehen ihn die meisten.

Was ist zwischen Tod und Wiedergeburt?

Die grenzenlose Fülle des Nichts.

Wie unterscheidet sich Zufall von Karma?

Was verdrängst du? Es gibt keinen Zufall.

Gibt es Karma auch bei Tieren und Pflanzen?

Nein, denn sie erfüllen stets von Beginn ihres Seins ihren Lebenszweck.

Wirkt sich Fleisch essen auf mein Karma aus?

Gewiss, dadurch ist deine Empathie (Einfühlung) für das Opfer wie auch für den Täter garantiert.

Existiert ein kollektives Karma?

Wenn du am Geschehen beteiligt warst – ja.

Woran krankt unsere heutige Welt?

Differenziere zuerst den Unterschied von Welt und Gesellschaft.

Kann man Glück bewahren?

Die Zeit steht nie still.

Weshalb geschieht Unglück?

Glück oder Unglück ist individuell bewertet, doch beide haben ihren Ursprung sowohl im Tun als auch im Nichttun.

Kann ich in das Karma anderer eingreifen?

Ja, dann bist du aber auch für alle daraus entstehenden Konsequenzen verantwortlich.

Kann ich das Karma anderer erkennen?

Was soll das? Reicht dir dein Karma nicht?

Es fällt mir schwer, mein Karma zu akzeptieren. Was kann ich tun?

Nimm es leicht, jeder hat sein Säcklein zu tragen.

Ist Schicksal und Karma das Gleiche?

Ja, sowohl das Schicksal als auch das Karma liegen in deiner Hand.

Wozu sollte ich mich bemühen, mein Karma zu kennen?

Damit du Regisseur deines Lebens bist und nicht andere.

Ist Karma etwas Mystisches?

Ja, um das Geheime zu erkennen, bedarf es einer gewissen Bemühung.

Wieso spricht man in der Religion nicht von Karma?

Sie würden sonst sich selbst, ihre Notwendigkeit in Frage stellen.

Wie kommt man zu Erkenntnis?

Indem man es wagt, sich selbst und sein Leben zu hinterfragen.

Hat jeder Karma oder nur die Erleuchteten?

Auch Erleuchtete sind Menschen.

Kann man sein Karma sehen? Und wenn ja wie?

Du lebst es tagtäglich.

Was ist Karma eigentlich?

Leben im Jetzt.

Wofür steht Karma?

Für den Inhalt. Wie du dein Leben gestaltest.

Wozu dient Karma?

Um immer wieder neue Seiten an dir zu erkennen.

Weshalb gebraucht man den Ausdruck Karma heute?
Woher kommt er, was stand früher dafür?

Der Mensch wandelt sich zwar äusserlich im Sinne des jeweiligen Zeitgeistes, doch im Innersten wird er noch immer von seinen Bedürfnissen und Wünschen getrieben. Gleich dem ist es mit dem Ausdruck Karma. Mensch bleibt Mensch, Karma bleibt Karma, gleich welcher Kultur.

Hat mein früheres Leben Einfluss auf mein heutiges?
Wenn ja, kann ich es positiv ändern?

Die Vergangenheit prägte die Gegenwart. In der Gegenwart formst du die Zukunft.

Was bringt mir ein gutes Karma?

Was ist gut?

Wie sieht gutes Karma aus? Wie erkennt man es?

Gut und schlecht sind individuelle Besetzungen. Finde zuerst deinen Weg.

Wie erreiche ich gutes Karma?

Indem du dich so annimmst, wie du bist.

Welche Bedeutung hat Karma in den verschiedenen Kulturen?

Darauf geben dir die Weisen der entsprechenden Kultur Antwort.

Karma, Los, Schicksal, wie auch immer die Gegebenheit des Hier im Jetzt benannt wird. Gleich wann, gleich wo oder wie, ob Pflanze, Tier, Mensch, vom Kleinsten bis zum Grössten haben alle ihr Schicksal – ihr Los.

Die Pflanze ist verwurzelt mit ihrem Platz. Ihr Wachstum ist abhängig von der Qualität des Bodens und des Umfeldes. Hilfreich und nützlich beiderseits erweist sich dabei die Symbiose zwischen dem Pflanzen- und Tierreich. Emsig sammelnde Bienen, bunte Schmetterlinge und zahlreiche Insekten, Würmer und anderes Getier tragen bei zur Erhaltung unseres Ökosystems.

Die Vögel hegen ihre Brut, bis dass die Jungen flügge sind. Ab diesem Zeitpunkt sind sie dann allein den Gefahren und ihrem Bedürfnis nach Nahrung ausgesetzt. Gleich auch bei den Säugetieren und Fischen, wo der Kampf, die Verteidigung des Reviers, die Werbung eines Partners oft recht heftig ausartet. Das Gesetz des Überlebens: »Fressen und gefressen werden«. Wie steht es nun mit dem Menschen, dem mit Intellekt begnadeten Wesen? Nützt er die Chance, die Zeit seines Daseins? Im Gegensatz zur Pflanze, die mit ihrem Platz auf Gedeih und Verderb verwurzelt ist. Und dem Tier, welches, wenn nötig, sein Revier wechseln kann, weil es sonst allenfalls vom Aussterben bedroht ist. Der Mensch hingegen ist ungebunden vom Platz und besitzt die Fähigkeit, sein Umfeld nach seinen Bedürfnissen zu gestalten. Eigentlich war und ist es das Paradies, auf Erden, ein Geschenk der Natur. Doch wie lange noch? Es ist bereits fünf nach zwölf, wie jeder erkennen müsste. Aber die eigenen Taten, die wahre Motivation zu hinterfragen erfordert Mut.

Im eitlen Wohlgefallen schwelgt sich der Mensch.
Protzt mit Wissenschaft und Technik,
von Verantwortung er nicht viel hält.
Denn es kann passieren, es kam schon oft vor.
Mensch stehst du da wie ein dummer Tor.

Aufgrund seiner Gier, seiner »allmächtigen Überheblichkeit«, hat der Mensch irreparable Schäden in der Natur, seinem Lebensraum angerichtet. Eine global realistische Sicht des Hier und Jetzt. Wie ist jedoch der lokale Zustand, das physisch-psychische Empfinden des Menschen? Jeder entwickelt für sich eine eigene, oft erstaunliche Strategie. Listenreich oder mit brachialer Gewalt, sanft schmeichelnd, demütig unterwürfig, wird sie individuell eingesetzt. »Doch es könnte sein, ›denn du bist nicht allein‹, dass du ein ebenbürtiges Gegenüber antriffst.«

Was dann? Wer setzt sich durch? Erfolg, Niederlage, oder findet sich ein für beide annehmbarer Kompromiss? In solch scheinbar ausweglosen Situationen stellt sich so mancher die Frage: »Warum gerade mir?« Oder mit dem Vorwurf: »Gibt es denn keine Gerechtigkeit?« In diesem Moment des Misserfolgs, des vorherrschenden Chaos, kommt man oft aus Zeitnot und Stress gar nicht zum Hinterfragen, wie es dazu kam. Dabei wäre ein Wechsel der Perspektive, des Blickwinkels, schon hilfreich. Viele klammern, flüchten in ihre unerfüllbaren Sehnsüchte, die jeglicher Realität entbehren.

Denn, so wie es ist, stellt sie nicht zufrieden, lässt viele Wünsche offen.

Inkarnation

....

Westen

Alles Lebensnotwendige
umgibt, umhüllt, begleitet
den Menschen,
von der kleinsten Kreatur
bis zum Grössten –
noch nicht Erkannten.

Braucht es sie?

Gab es je in der Evolution – bei den elementaren Kräften – einen Stillstand?

Will ich?

Sonst wärst du nicht hier.

War ich schon einmal inkarniert?

Ja, deshalb nütze die Chance einer weiteren Entwicklung.

Wie kann ich mich an meine Vorleben erinnern?

Wenn eine Notwendigkeit besteht, zum richtigen Zeitpunkt.

Wie erkenne ich wahre Freunde?

Freunde sagen dir, wenn du Dreck im Gesicht hast.

Wem vertraue ich?

Erwarte nicht zu viel, sowohl von dir als auch von anderen. Irren ist menschlich.

Wie schütze ich mich?

Wovor? Vor dem Leben? Vor dir?

Wieviel Sicherheit braucht es im Leben?

Die kontinuierliche Synergie von Licht – Luft – Erde – Wasser. Sonst nichts.

Bestimme ich meinen Lebensweg?

Zum Teil.

Wie frei bin ich?

Bist du frei von Wünschen und Begierden?

Was gibt mir Freiheit?
> Spontaneität – der Mut zum Wagnis.

Wie kann ich meine Vorleben nützen?
> Indem du dein Leben lebst und nicht die Vorgaben anderer.

Zufall oder Schicksal?
> Selbst gewählt.

Kann ich auf das Wissen früherer Leben zurückgreifen?
> Wozu? Die Zeit und auch das Wissen stand nie still.

Leben oder vegetieren?
> Du hast die Wahl, aktiv oder passiv zu sein.

Wann inkarniere ich nicht mehr?
> Das bestimmst du selbst.

Gibt es eine neue Chance?
> Als Notwendigkeit, für andere Wesen, Kreaturen.

Inkarnieren alle Lebewesen?
> Das Rad, es dreht sich immerfort, zu jederzeit, an jedem Ort.

Werde ich wieder inkarnieren?
> Das liegt ausschliesslich an dir.

Was bringt es mir, wenn ich über meine Inkarnationen Bescheid weiss?
> Entsprechend deiner Bewusstseinsebene: Schock, Trauer, Wirrnis – Erkenntnis, Freude, demütige Dankbarkeit.

Welchen Nutzen kann ich aus früheren Inkarnationen ziehen?

> Für den Narren – viele Illusionen. Für den Weisen – unendliche Liebe.

Lebt ein humorvoller Mensch länger?

> Für ihn ist die Zeit belanglos.

Braucht es Humor?

> Bei der Begegnung mancher Zeitgenossen unentbehrlich.

Darf Humor alles?

> Herzlicher Humor: ja. Zynismus: nein.

Haben Tiere eine Seele?

> Jedes Leben ist beseelt.

Warum sprechen Tiere nicht mit jedem Menschen?

> Sprichst du mit jedem?

Ist Inkarnation kulturspezifisch?

> Mensch bleibt Mensch, der Unterschied liegt am Ort und dem sozialen Umfeld.

Weshalb bin ich gerade hier geboren?

> Das dich hier Umgebene ist optimal für deine psychische Entwicklung.

Wie finde ich heraus, wie alt meine Seele ist?

> In der Art und Weise, wie du dem Jetzt begegnest, dein Leben gestaltest.

Warum mache ich immer dieselben »Fehler«?
> Deine irrigen Vorstellungen und illusionären Wünsche verhindern eine klare Sicht.

Geburt und Tod: Was tut man dazwischen?
> Wach auf, lebst du oder wirst du gelebt?

Worauf soll ich achten?
> Auf deine Schritte, den Weg, den du wählst.

Habe ich nur einen Beruf oder ist es Berufung?
> Das wird sichtbar in der praktischen Umsetzung.

Wann beginnt Verantwortung?
> Mit den Gedanken, Worten und Taten.

Wie viel(e) Ausbildung(en) brauche ich noch?
> Wofür? Was ist dein Ziel?

Wähle ich Zeit und Ort selber?
> Ja, entsprechend deines Bewusstseins.

Kann ich auch die Gestalt selbst bestimmen?
> Dazu ist die Übereinstimmung einiger Faktoren notwendig.

Bin ich für mein Umfeld verantwortlich?
> Wer sonst? Du triffst die Entscheidung und kannst dein Umfeld auch verändern.

Was zeigt mir mein Umfeld auf?
> Deine Stärke – Schwäche, Selbstbewusstsein – Selbstwert(-zweifel).

Reicht dieses Leben aus, um zu erkennen, wer ich bin?
Das liegt ganz allein an dir.

Was sagt es mir, wenn ich in früheren Leben ein Halunke oder ein König war?
Wodurch unterscheiden sie sich? Der König kann ein Halunke sein. Der Halunke ein wahrer König.

Muss man immer wiederkommen?
Du hast die Möglichkeit, die Chance – oder auch nicht.

Wenn ich wiederkomme, begegne ich »alten Bekannten« wieder?
Ist es dir ein Herzenswusch, liegt dir soviel daran? Wenn du klammerst, ja.

Kann ich mir etwas wünschen, bevor ich inkarniere?
Das wäre ein neuerlicher Start mit Illusionen und hinderlichen Vorgaben.

Was ist, wenn es das letzte Mal war?
Keine Wiederkehr.

Gibt es ein letztes Mal?
Bisher gab es noch keine Rückmeldung (Bestätigung).

Wozu muss ich wissen, ob ich schon einmal war?
Du musst nicht, viele sterben unwissend.

Was entgeht mir, wenn ich nicht daran glaube?
Das Wagnis, der Schritt ins bisher Unbekannte.

Was ist der Gewinn, wenn ich weiss, wie das geht?

Wissen über das eigene Geheime, aber auch mehr Verantwortung.

Was genau ist Inkarnation eigentlich?

Das Leben, gib ihm eine Chance.

In welcher Kultur kennt man Inkarnation und seit wann?

In unserer, der abendländischen Kultur, seit es Menschen gibt.

Was ist der Sinn der Inkarnation?

Die Chance, das Leben in vollen Zügen zu geniessen.

Gibt es die unsterbliche Seele?

Das bestimmt jede Seele selbst.

Gibt es eine Weltseele oder sind die Seelen individuell?

Bist du ein Original oder ein Klon?

Wenn ich nicht mehr inkarnieren möchte, kann ich dies beeinflussen und wie?

Verweigerung, Flucht, ist kein Ausweg. Es kommt selten etwas Besseres nach.

Hat ein früheres Leben Einfluss auf die Inkarnation?

Das Jetzt wuchs aus der Vergangenheit, gleich der Symbiose und Synergie von Fauna und Flora.

Inkarnation, die unendliche Wiederkehr alles Lebenden. Die verborgene, doch vorhandene Synergie der elementaren Kräfte. Fremd der menschlichen Logik – trotz mannigfaltiger Forschung – vollziehen sich die wunderbarsten Wandlungen rund um uns und bieten alles Lebensnotwendige. Tagtäglich wird uns die Fülle der Fauna und Flora sichtbar, greifbar, riechbar, spürbar. Ein stetiges Vibrieren ist fühlbar, erlebbar für die Menschen, die das Wagnis Leben eingehen. Da erübrigt sich die Frage: Warum schon wieder?

Die Liebe, die jedem zumindest einmal im Leben begegnet. Was ist ihr Gehalt? Das höchste Gut, oder banal ausgedrückt, die List zur Erhaltung, zum Fortbestand des Lebens? Wissenschafter, Literaten, Philosophen haben sich, jeder auf seine Art, bereits seit Jahrhunderten damit auseinander gesetzt und ihre Thesen und Theorien verbreitet.

Doch die Liebe ist ein gar seltsamer Cocktail, welcher berauschend glücklich macht. Dieser Zustand kann länger anhalten oder aber auch mit bösem, schmerzendem Erwachen enden. Sie hat viele Schichten, oberflächlich oder innig tief. Je nachdem, wie weit sich Liebende aufeinander einlassen, die Grenzen, die Art des Gegenübers respektieren. Dass Liebe blind macht und zu oft nur den ersehnten gewünschten Schein beleuchtet, haben bestimmt auch schon viele erfahren. Nach der ersten Euphorie – das emotionale Desaster. Je nachdem ein Klammern, Entfliehen, Verlassenheit, Selbstwertverlust, Einsamkeit u.v.m. – kurz, eine oft kraftraubende Ernüchterung.

In solch einem akuten Zustand stellt man dann die Frage: »Wie schütze ich mich?«. Wovor? Wie kam es zum vermeintlichen Angriff, zur Verletzung? Denn der zugefügte psychische Schmerz hat seinen Ursprung in irrigen Bildern, Wünschen, Erwartungen, die das Gegenüber, der Partner, zu erfüllen hätte. Dabei hatte die Person von Beginn an diese Eigenschaften, jenes Verhalten. Durch die rosarote Brille der Verzückung wurde darüber hinweggesehen, es nicht wahrgenommen.

Gehen wir zurück zum Start ins Leben. Welche Ausgangslage ist optimal zur Sinnfindung von Freude und Leid, zum Erkennen der Fülle des Lebens? Dazu wird höchstwahrscheinlich jeder Mensch eine andere Meinung, einen anderen Standpunkt einnehmen. Wünsche, Bedürfnisse, Sehnsüchte trägt jeder in gewissem Mass in sich. Sie sind der Antrieb, der Motor zum Handeln. Nur haben dabei einige oft Startprobleme. Da der Sprit, die Motivation nicht übereinstimmt mit ihrer wahren Individualität. Rasch und ohne eigene Anstrengung, ohne Bemühen sollte der Zugriff eines vorhandenen Wissensschatzes von einst sein. Tja, wenn das so einfach wäre.

Vor allem erhoffen sich dies so manche bei sogenannten Rückführungen. Sie schwelgen dann in ihrer »illusionären Identität« und verlieren oft komplett ihre wahre Authentizität. Geprägt von ihren scheinbaren Vorleben und ihren vermeintlichen Taten, ignorieren, verzweifeln sie am Jetzt der Gegenwart. Das für sie Lebensnotwendige, schon Vorhandene, so Naheliegende wird dann nicht wahrgenommen.

Vision

....

Norden

Um das Ziel zu erreichen,
ist das Erkennen des Wesen-lichten
unumgänglich.

Sind Visionen notwendig?

Unbedingt, sie sind anregende Lebensimpulse.

Geht es auch ohne?

Nein, Träume, Visionen, demütiges Eindringen ins Geheime sind die Impulse des Lebens.

Wie erlange ich eine visionäre Sicht?

Indem du Mut zu Taten hast.

Bringt Vision Erfolg?

Wenn sie auch in der Realität bestehen kann.

Sind Visionen erfüllbar?

Ja, wenn man die realistischen Gegebenheiten mit einbezieht.

Ist Erfolg erstrebenswert?

Es gibt immer Gewinner und Verlierer.

Wie komme ich zu Erfolg?

Erfolg ist, sich selbst treu zu bleiben. Erfolg wird zu oft an der Position, die jemand einnimmt, gemessen.

Wie bleibe ich erfolgreich?

Indem du hinter die Maske der anderen blickst.

Wo tanke ich Energie?

In der Liebe. Aus dem Selbstvertrauen.

Wie gehe ich mit meiner Energie um?

Indem du Unwesentliches unterlässt und dich Stärkendes in die Tat umsetzt.

Ist Energie vorhanden, haltbar?

Das zeigt sich in der Umsetzung.

Gibt es ein Leben ohne Internet?

Ausprobieren, dann weisst du es.

Wie viel Fitness braucht der Mensch?

Halt ein – zuallererst kläre: wofür?

Allein oder gemeinsam?

Kommt darauf an, mit wem du dich umgibst.

Eingebung oder Einbildung?

Wo ist der Unterschied? Erst die Ausbildung zeigt die Wirkung.

Bemühung oder Zufall?

Zufall begegnet dir durch stressfreie Bemühung und Aufmerksamkeit.

Kann der Glaube Berge versetzen?

Welche Anmassung, möchtest du andere ins Unglück stürzen?

Wie lange ist der Weg zum Ziel?

Es kommt ganz darauf an, ob das Ziel das Ende oder der Anfang ist.

Wie werde ich Magier?

Zuallererst durch Demut und Wertschöpfung des Wunderbaren.

Wirkt energetische Magie?

Und wie! Hängt davon ab, wie man sie beherrscht.

Was bewirken Visionen?
Neue Impulse, Lebendigkeit.

Sind Visionen helfend oder hemmend?
Individuell verschieden.

Wie kann ich andere für meine Ideen begeistern?
Indem du dich an Gleichgesinnte wendest und deine Vorstellungen klar definierst.

Wie finde ich finanzielle Gönner?
Zuallererst durch eigene Anstrengung. Oder bist du ein Schmarotzer, der andere für sich arbeiten lässt?

Sind Visionen nicht eine Flucht vor der Realität?
Alles kann zur Flucht ausarten, wenn man sich weigert, Tatsachen zu erkennen.

Wofür lohnt es sich zu kämpfen?
Du bist ein freier Mensch, entscheide selbst.

Gibt es einen allumfassenden Plan?
Aus dem vermeintlichen Chaos entsteht oft das Wunderbarste.

Wie mache ich das Unmögliche möglich?
Indem du deine Perspektive wechselst.

Wie entstehen gänzlich neue Ideen?
Durch das Loslassen hinderlicher Fixierungen.

Ich denke positiv, aber das nützt nichts?
Nur mit Denken findest du keine Lösung.

Sind Träume und Visionen das Gleiche?
Träume sind grenzenlos, Visionen erfordern praktische Umsetzung.

Wenn sich Grenzen auflösen: was ist dann?
Befreiung, Offenheit, Platz für Neues.

Was unterscheidet das Genie vom Fantasten?
Fantasie, die Quelle des scheinbar Unmöglichen, was jedoch das Genie möglich macht.

Wie verwirkliche ich eine Vision am schnellsten?
Gut Ding braucht seine Zeit.

Lässt das Universum Wünsche wahr werden?
Du bist ein mündiger, selbstständiger Mensch, ergreife die Gelegenheit zum eigenen Tun.

Was ist ein echter Visionär?
Ein Mensch, der die reellen Gegebenheiten und Möglichkeiten in seine Vision mit einbezieht.

Wie erkenne ich, ob es eine umsetzbare Vision ist?
Anhand kompetenter, kommunikativer Hinterfragung.

Was ist, wenn wir alle die gleiche Vision hätten?
Öde Langeweile, zum Glück eine Utopie.

Ist es gut, wenn ich Visionen anderer folge?
Es sollte in dir stimmig sein.

Brauche ich eine Vision, um ans Ziel zu gelangen?
Zuallererst solltest du dein Ziel kennen.

Unterscheiden sich Vision und Ziel?
> Optimal ist das Ziel mit dir authentisch. Die Vision allein könnte sich als Irrtum, Trugbild erweisen.

Wie komme ich zu einer Vision?
> Indem du über deine Grenzen siehst und denkst.

Wozu brauche ich Visionen, es gibt ja schon so viele …?
> Hast du schon eine gefunden, an der du teilhaben möchtest?

Was genau ist eine Vision?
> Eine bisher verborgene Möglichkeit, Vorstellung, ein Gedankenblitz.

Wodurch und woher kommt eine Vision?
> Oft genug durch Stillstand, eine Sackgasse – »es geht nichts mehr«. Daher ist sie auch meist unbrauchbar.

Braucht es Voraussetzungen, um Visionen zu haben? Wenn ja, welche?
> Ein klarer Geist und ganzheitliche Wahrnehmung (um Hirngespinste zu vermeiden).

Gibt es Menschen oder Gruppen, die eher Visionen haben?
> Es gibt genug, die dies vorgeben.

Was ist der Zweck einer Vision?
> Wenn umsetzbar, eine Loslösung von pragmatischen Mechanismen, durch Tun eine Bereicherung an Erfahrung.

Wie erkenne ich, ob eine Vision in die Realität umgesetzt werden kann?

Durch Kommunikation mit Menschen verschiedenster Interessen und auf unterschiedlichsten Ebenen.

Wie setze ich eine Vision in die Realität um? Was ist fördernd, was hindernd?

Mit zielgerichteter Planung, mit wem oder was notwendig ist. Absoluter Alleingang ist meist zum Scheitern verurteilt.

Was für eine Vision ist für die menschliche Entwicklung heute und in Zukunft angesagt?

Visionäre gibt es heutzutage »scheinbar« viele, in der Wirtschaft, Kultur, Forschung u.v.m. – sowohl in der Esoterik als auch in der Exoterik. Doch hinterfrage die Inhalte, den Sinn und die Ziele.

Worin unterscheiden sich Intuition und Vision?

Die Intuition ist zur Umsetzung einer wahren Vision unentbehrlich.

Es heisst, der Weg sei das Ziel. Ist das so?

Wenn du den richtigen Weg wählst. Denn es gibt auch Umwege und Irrwege.

Wie beseitige ich Hindernisse effektiv?

Zuerst solltest du erkennen, warum du es als Hindernis empfindest, ob es überhaupt eines ist.

Heutzutage wird der Begriff Vision oft inflationär verwendet, gleich wann, wo oder wie. Ob bei politischen Diskussionen, Vereinsversammlungen, betrieblichen Konferenzen oder unter Freunden. Diese Vision ist erfolgsversprechend, sie bringt eine effiziente Produktion – raus aus dem Minus, den roten Zahlen. Sie bringt die Wende – raus aus dem Dilemma. Wie die Aussage, die richtungsweisende Vorgabe auch sei, sie ist ungebunden, keine Garantie für eine realistische Umsetzung. Wenn doch, sind natürlich Mitstreiter zu motivieren, die ausdauernd ihren Einsatz leisten, ob manuell oder finanziell.

Erfolg, Kreativität, Effizienz werden heute mehr denn je in der Arbeitswelt gefordert, um mithalten zu können. Dabei ist meist jedes Mittel recht. Hinwegsehend über irreparable Umweltschäden und menschliche Tragödien. Doch auch bei den sogenannten Gutmenschen trügt der Schein. Denn vertrauend, zu einem guten Werk beitragend, werden oft Unsummen, zig Millionenbeiträge gespendet. Wobei dann im Endeffekt meist ein lächerlich geringer Anteil bei dem vorgegebenen Projekt landet, zielgerichtet eingesetzt wird.

Das war, ist, wird immer so sein. Täter – Opfer, Gewinner – Verlierer.

Um rechtzeitig gewappnet zu sein, vorbereitet auf das unmöglich Scheinende, ist der Blick hinter die Maske des Gegenübers notwendig. Dazu braucht es emotionslose Aufmerksamkeit. Das genaue Hinhören und Hinsehen bei Informationen der Medien. Vor allem das Nichtgesagte – Verschwiegene, das Nichtgezeigte – Verborgene ist aussagekräftig, wichtig.

Visionäre gibt es zurzeit scheinbar viele, sowohl in der Exoterik als auch in der Esoterik. Mit exzellenter Rhetorik begeistern sie die Menge für ihre Ideen, ihre Ziele. Dies kann durchaus gut gemeint und für manche richtig sein. Doch eine eigene Hinterfragung wäre hilfreich: »Ist dieser Weg auch mein Weg, oder erfülle ich das Bild, die Vorstellung anderer?«

Eine selbstbestimmte Stellungnahme, ein Wechsel der Perspektive gibt meist die Antwort, zeigt die Lösung auf. Nur Mut, jeder findet seine Vision, seine Motivation in der Fülle der Möglichkeiten des Lebens.

Doch zuallererst muss man sich über sein Ziel klar sein. Ehrlichkeit zu sich selbst ist dabei eine wichtige Voraussetzung. Sich über das eigene Wollen und Können Klarheit verschaffen. Klingt leichter, als es ist, da zu oft ein schwieriges Unterfangen. Denn für manche Menschen scheint dies ein unlösbares Problem zu sein. Sie sind gebunden an vorgegebene Strukturen der Familie, an ihr Umfeld oder ihre Wunschträume. Sehnsüchte, Vorstellungen, wie es sein könnte, bewirken meist eine Flucht aus der Realität, so wie es tatsächlich ist.

Die sachliche Betrachtung der Situation, des Projekts, der aktuellen Gegebenheiten, zum Beispiel aus der Vogelperspektive, wäre optimal. Eine emotionsfreie Analyse der eigenen Tendenzen des »Warum? Wozu?« ermöglicht eine offene Sicht. Die Befreiung von selbst gesteckten Grenzen. So setzt man die ersten Schritte zum Erkennen des individuellen Weges zum eigenen Ziel.

Meditation

....

Süden

Ebbe & Flut – Geburt & Tod,
der Rhythmus des Lebens

Was ist Meditation?

Eine Entschleunigung, das heisst »slow time«.

Worauf muss ich dabei verzichten?

Auf dogmatisch einengende Vorgaben.

Erlange ich mit Meditation Selbsterkenntnis?

Nein, stattdessen könntest du dich im Labyrinth deines Ichs verlieren.

Wie finde ich meinen Weg?

Indem du die ersten Schritte wagst.

Wie finde ich mich?

Indem du Kritik erträgst und Ratschläge annimmst.

Kann ich meinem Los entrinnen?

Willst du wirklich zurück in den Schoss der Mutter?

Wie finde ich den richtigen Partner?

Mit dem Sprung ins Wasser, denn wer wagt, gewinnt.

Wie gehe ich mit meinen Gefühlen um?

Indem du dein Verhalten zu anderen mit Distanz betrachtest.

Wie werde ich glücklich?

Hör auf unglücklich zu sein!

Ist mein Partner treu?

Eine direkte Frage und genaues Hinhören gibt dir Antwort.

Ist Liebe teilbar?

Liebe ist kein Besitz.

Was liebe ich an mir?

Alles – so wie du bist. Umtausch ausgeschlossen.

Wie bleibe ich bei mir?

Achte dich, liebe dich.

Lebe ich glücklicher mit Meditation?

Stell dich, löse dein Problem, flüchte nicht in die Meditation.

Macht meditieren glücklich?

Glück? Welches? Glück hat vielerlei Gesichter.

Kann mich Meditation von Sucht befreien?

Es ist nur ein Austausch der Werte.

Werde ich durch Meditation abhängig?

Klar, alles kann zu Sucht und Flucht ausarten.

Ist Strafe gerechtfertigt?

Jeder erlebt die Konsequenz seines Handelns.

Warum verursachen Menschen so viel Leid?

Aufgrund der verschiedenen Ziele und Inhalte ihres Lebens.

Gibt es einen Gott?

Gewiss, deinen.

Gewinne ich durch Meditation Klarheit?

Worüber? Kläre dein Problem auf direkte Weise.

Erreiche ich als Vegetarier Erleuchtung?

Aus welchem Grund wähnst du dich elitär – als auserwählt?

Wie erkenne ich den Augenblick?

Fürs Erkennen ist keine Zeit. Authentische Spontaneität ist angebracht.

Benötigt man Enthaltsamkeit?

Askese könnte sich als trügerische Maske erweisen.

Braucht es bei Meditation Führung?

Ja, um das Abgleiten im Labyrinth zu verhindern.

Werde ich durch meditieren weise?

Schön wärs. So leicht hättest du es gern.

Welche Art von Meditation ist für mich die beste?

Das ist individuell, aufgrund deiner Mentalität.

Einsam, zweisam oder gemeinsam?

Es liegt an dir, und den Menschen, mit denen du dich umgibst.

Wie meditiere ich richtig?

Zu Beginn ist eine unterstützende Begleitung sinnvoll.

Wann soll ich damit anfangen?

Jetzt, worauf wartest du?

Was ist, wenn ich nichts spüre?

Löse dich von deinen Erwartungen, Anforderungen. Jeder hat klein, unbeholfen begonnen.

Aktive oder passive Meditation?
Dies entscheidet die aktuelle Notwendigkeit.

Wohin mit den Gedanken?
In den Papierkorb.

Wie merke ich, dass ich Fortschritte mache?
Es findet eine Veränderung in und um dich statt.

Ist Meditation mit Religion verbunden?
Nein.

Was bringt mir Meditation im Alltag?
Eine gesteigerte Wahrnehmung.

Wie werde ich ein Medium?
Kläre erst den Grund dieser Frage, deines Wunsches.

Hat jeder mediale Fähigkeiten?
Mehr oder weniger.

Wie steigere ich meine Konzentration?
Verkrampftes Wollen ist fehl am Platz.

Ich kann nicht stillsitzen. Was soll ich tun?
Deinen Rhythmus erkennen und danach handeln.

Am liebsten würde ich im Zug meditieren. Kann ich das?
Kommt darauf an, was du unter meditieren verstehst.

Allein oder in der Gruppe?
Beides hat seine spezielle Qualität.

Kann das jeder oder braucht es Vorkenntnisse?

Um nicht ins Irgendwo abzugleiten, ist eine kompetente Führung empfehlenswert.

Wozu braucht der Mensch Meditation?

Zur Wahrnehmung seiner Selbst.

Hat man immer eine Eingebung?

Nein. Offenheit und eigenes Bemühen sind unerlässlich.

Ist meditieren gesund?

Entscheidend ist das Wie, Wann, Wo, mit Wem.

Wie oft soll ich meditieren?

Allgemein kollektive Vorgaben sind ein Unsinn. Du bist ein individueller Mensch – daher je nach Bedarf, nach Bedürfnis.

Alle anderen können das und ich denke ans Einkaufen. Was mache ich falsch?

Lass es teilnahmslos geschehen, einmal wird der Einkaufswagen voll sein, das Bankkonto leer.

Was genau ist Meditation?

Ein losgelöster, emotionsfreier Zeitraum.

Braucht es Voraussetzungen, um zu meditieren?

So individuell wie der Mensch sind auch die Voraussetzungen.

Welche Arten der Meditation kennt man?

Aktive und passive.

Was ist das Ziel der Meditation?

Fokussiertes Ziel ist fehl am Platz.

Das kommt ja aus Indien. Wir sind in Europa. Macht das dann Sinn?

Gehe nach Indien, lebe mit dem Volk eine geraume Zeit. Dann weisst du Bescheid. Auch in Europa gab und gibt es Menschen, Weise, Druiden, die geheime effektive Meditationstechniken beherrschen.

Gibt es Menschen, die eher den Zugang zu Meditation haben, wenn ja welche?

Du wirkst etwas frustriert, löse dich von dogmatischen Vorgaben.

Bestehen Unterschiede zwischen Frauen und Männer bei der Meditationsbereitschaft und -fähigkeit?

Es gibt Unterschiede in der Motivation, die geschlechtsbezogene Hinwendung ist jedoch heutzutage im Wandel.

Gibt es Orte, die besonders gut geeignet sind, um zu meditieren?

Entscheidend für den optimalen Platz ist die eigene momentane Verfassung.

Wie unterscheiden sich die verschiedenen Kulturen hinsichtlich Meditationspraktiken?

Die Betrachtung der gesellschaftlichen Strukturen, ihr Umgang mit anderen Menschen und der Umwelt gibt dir Antwort.

Ob Mann, ob Frau, ob jung, ob alt: alle kamen bereits mit Meditation auf irgendeine Weise in Kontakt. Es scheint, als habe die gesamte Menschheit, vom bürgerlichen Volk bis zur High Society, die Meditation entdeckt. Überall, ob Wellnesszentrum, Kurort, Fitnessclub, scheint Meditation im Angebot auf.

Private und öffentliche Institutionen bieten Ausbildungen zum Meditationstrainer oder Meditationscoach an. Pädagogen bedienen sich der Meditation, um bei Kindern eine bessere Aufnahmefähigkeit des Lernpensums zu bewirken. Führungskräften wird sie zur Prävention gegen Burn-out empfohlen. Eigens engagierte Gesundheitspsychologen empfehlen Organisationen und Betrieben für ihre Mitarbeiter das Angebot eines Raumes zum Rückzug, zum Einhalt – zur »meditativen Achtsamkeit«.

Sozusagen eine Win-win-Situation. Denn – ausgeglichene Mitarbeiter garantieren eine effizientere Leistung und ein harmonisches Betriebsklima.

So weit, so gut, wenn diese Vorgangsweise tatsächlich dem psychischen Wohlbefinden, der Bewahrung der Gesundheit dienen würde. Jedoch wird der wahre Grund von Disharmonie tunlichst verdrängt oder einfach nicht beachtet, weder bereinigt, noch gelöst. Im Gegenteil, die Signale, die rechtzeitige Warnung kommen bei jedem anders zum Ausdruck und werden meist ignoriert. Gleich einer Schicht Make-up, die Unregelmässigkeiten, Hautreaktionen verdeckt. Makellose harmonische Ausgeglichenheit wird zur Schau getragen. Je mehr die Exoterik, der auf Gewinn orientierte Kommerz, die Meditation für sich entdeckte, desto wahnwitziger ihr Einsatz.

Es scheint, als hätte man sich von der eigentlichen Bedeutung von Meditation ziemlich weit entfernt. Dem Nachsinnen, dem von Dogmen befreiten Nachdenken über das lokale eigene und das globale Sein.

Wie kam es zu diesem Wandel? In den 1970er- und 1980er-Jahren wurde Meditation ausnahmslos dem esoterischen Bereich zugeordnet und wurde vor allem von den sogenannten »Hippies« gepflegt. Wobei natürlich das Interesse für die Allgemeinheit durch die medienwirksame »spirituelle Suche nach einem Meditationsmeister, einem Guru« bekannter Musikgruppen breiten Anklang fand. Eine scheinbare Zeit der Wende zu anderen Werten. Eingeleitet von der 1968er-Generation. Mit der ideologischen Einstellung eines freien Denkens, sowohl in Bezug auf Partnerschaft als auch auf Besitz. Man wollte Gemeinsames schaffen und miteinander teilen. Grundsätzlich eine wunderbare, »sozial humane« Idee.

So manche verweigerten sich einfach dem beginnenden Konsumrausch der florierenden, wirtschaftlichen Hochkonjunktur. Denn sie erkannten die verantwortungslose Tendenz von Industrie, Wirtschaft und Forschung, welche destruktive Auswirkung sie gegen uns selbst, unseren Lebensraum hat. Kopfschüttelnd wurden sie belächelt, als realitätsfremd, als Spinner betrachtet. Heute sind die Konsequenzen – wie Klimawandel, Umweltzerstörung, fortschreitende Dezimierung des Lebensraumes von Fauna und Flora – aber leider unübersehbar.

Denn, wenn alles so meditativ wäre, wie heutzutage im Wellnessbereich und Ähnlichem propagiert wird, würde die Welt anders und friedvoller ausschauen.

Ahnen

....

Nordwesten

Kosmos-Erde-Mensch,
die untrennbare Vernetzung –
Aus dem Quell, dem Ursprung
erkennt der Mensch seine Ressourcen
und schöpft Kraft.

Ist Herkunft eine Last oder Bereicherung?
> Erkennst du Freude ohne Leid, Licht ohne Dunkelheit?

Kann ich von den Ahnen lernen?
> Gewiss, es stellt sich nur die Frage, was?

Sind die Vorfahren mit mir verwandt?
> Kommt ganz darauf an, wie viele Seitensprünge gemacht und wie viele Kuckuckseier gelegt wurden.

Was schulde ich ihnen?
> Befreie dich von der scheinbaren Schuld der Erbsünde.

Wie bekomme ich Kontakt zu meinen Ahnen?
> Zuerst stellt sich die Frage, ob sie Kontakt wünschen.

Gibt es geistige Ahnen?
> Ja, zu finden in der Matrix des Seins.

Hab ich eine Gabe von ihnen mitbekommen?
> Ja, diese gilt es zu entdecken.

Wie finde ich Zugang zu meinen Ahnen?
> Zu welchen, den esoterischen oder exoterischen?

Braucht es sie?
> Wo wärst du ohne die Ahnen?

Was habe ich von meinen biologischen Ahnen geerbt?
> Zum Teil die Gestalt, Form, Vitalstärke des physischen Körpers.

Geht es ohne Kosmos?
Wo wärst du dann?

Bin ich für die Taten meiner Ahnen verantwortlich?
Aus ihren Handlungen kannst du lernen, für die Taten ist jedoch jeder selbst verantwortlich.

Wie kann ich mich von einer Kollektivschuld lösen?
Vergangenheit ist vergangen, das Leben findet in der Gegenwart statt.

Wie wichtig ist Zeit?
Ausserordentlich – denn es könnte dein letzter Augenblick sein.

Wer bin ich?
Das Gegenteil von dem, was du denkst.

Wie kreativ bin ich?
Um das zu erkennen, musst du die Tür deines Käfigs öffnen.

Woran kann ich mich orientieren?
An dem, was dir am nächsten und wichtigsten ist.

Was sind meine Talente?
Die Aktivitäten, die dich sowohl körperlich als auch seelisch stärken.

Wo soll ich mich engagieren?
Mit Mass, Ziel und Überlegung. Jeder hat selbst seine Aufgabe zu erfüllen.

Kann falsch auch richtig sein?
Es ist alles eins, wenn du es weisst.

Brauche ich andere Kulturen?
Kennst du deinen Ursprung, deine Herkunft?

Kann positives Denken die Welt verändern?
Viele haben es bisher versucht – zum Beispiel Mahatma Gandhi. Er wurde dann erschossen.

Gibt es übersensitive Menschen?
Ja, jedoch anders als du denkst.

Existiert die Urkraft?
Gewiss, gäbe es sonst noch unseren Lebensraum?

Gibt es Gerechtigkeit?
Unbekannt – es gibt Ursache und Wirkung.

Wer waren unsere ersten Ahnen?
Der freie Geist, die unerschöpflich gestaltende Materie.

Nützt mir oder hindert mich Erinnerung?
Sowohl als auch.

Worauf gründet die Kraft der Erinnerung?
Auf vergangenem Erlebtem.

Global oder lokal?
Global auf das Weltgeschehen, die Gesellschaft, lokal auf dich.

Was bringt Ahnenforschung?

Welche, im exoterischen oder im esoterischen Bereich?

Wie funktioniert mündliche Überlieferung?

Durch das Wort, im richtigen Augenblick mit der richtigen Person.

Kann ich geistiges Erbe erkennen?

Erst, wenn du frei von einengenden Vorstellungen bist.

Was beinhaltet geistiges Erbe?

Die Kenntnis unseres geistigen Ursprungs. Die untrennbare Vernetzung von Kosmos-Erde-Mensch.

Braucht es Vorbilder?

Solange dir dein eigenes wahres Wesen verborgen ist, orientierst du dich unbewusst an Vorbildern.

Wozu muss ich über meine Ahnen Bescheid wissen?

Niemand muss, du hast die Möglichkeit der Vorbereitung auf spezielle Begegnungen.

Wie viel wird vererbt?

Sorge dich nicht. Sobald du die Anteile erkennst, kannst du sie handhaben.

Worauf kommt es an, wenn man an etwas denkt, was früher war?

Auf die Motivation und eine sachliche Distanz.

Ist damit der Stammbaum gemeint?

Lass sie ruhen, sie sind bereits gegangen.

Ist es schlimm, wenn ich nicht weiss, wer meine Ahnen waren?

Zum richtigen Zeitpunkt werden sie dir bekannt.

Sind damit meine »persönlichen« gemeint oder alle?

Fühlst du dich an sie gebunden? Das kostet dich viel Kraft. Löse dich schleunigst.

Macht es Sinn, sie zu betrauern oder hoch zu loben?

Wofür? Jeder ist für sich selbst verantwortlich.

Hat Ahne auch mit ahnen, vorausahnen zu tun?

Nein.

Was für eine Bedeutung haben die Ahnen in unserer Kultur heute und welche in anderen Kulturen?

Die Basis des heutigen Wissens beruht auf der kontinuierlichen Entwicklung der Menschheit, in jeder Kultur.

Macht es Sinn, dass ich mit meinen Ahnen in Verbindung trete?

Lass sie, wo sie sind, denn sie sind bereits gegangen.

Was für Ahnen werden wir einmal sein?

Das zeigt sich am Resultat, wenn deine Lebenszeit zu Ende ist.

Was kann die Menschheit aus der Vergangenheit lernen?

> Im positiv Gestaltenden weiter zu wirken, das negativ Zerstörende zu verhindern.

Worin liegt der Sinn eines Ahnenkults?

> Welcher? Es gibt gravierende kulturelle Unterschiede.

Dienen Ahnen als Mittler zwischen Diesseits und Jenseits?

> Das kommt auf die Ahnen an.

Was bringt eine Rückführung?

> Für die einen Erleichterung, für die anderen Belastung.

Gibt es das »Licht am Ende des Tunnels«?

> Du entscheidest, welchen Tunnel du beschreitest.

Treffe ich meine Ahnen im Jenseits wieder?

> Wenn es dir ein Anliegen ist.

Wo zeigt sich der Geist der Ahnen?

> Überall, bei freier, klarer Wahrnehmung und dem Einsatz aller Sinne.

Welchen Stellenwert haben »analoge« Ahnen im digitalen Zeitalter?

> Für einen Menschen auf dem spirituellem Weg ist das Zeitalter in diesem Sinne ohne Bedeutung.

Es geht hier nicht um historisch-geschichtliche Interpretationen, wie die Kelten möglicherweise gelebt und was die Druiden getan haben. Dies alles findet man ja mittlerweile in Museen, Ausstellungen, Buchläden und Esoterikgeschäften.

Dass das Menschsein nicht nur mit dem Intellekt begreifbar ist, wird einem bewusst, wenn man zum Beispiel in den unendlichen Sternenhimmel schaut. Wir alle sind umgeben von Gefühlen und Stimmungen, von Kräften und Schwingungen, die rein wissenschaftlich nicht erklärbar sind. Und trotzdem sind sie da und wirken, ob wir sie bewusst wahrnehmen oder auch nicht. Unsere Ahnen – die Kelten Mitteleuropas – wussten noch um all diese Kräfte, um den ewigen Kreislauf von Geburt, Leben und Tod, der sich in den wechselnden Sternbildern am Himmel, in den Jahreszeiten auf der Erde und in der Vergänglichkeit des menschlichen Körpers spiegelt. Sie wussten um die Urenergie, ihre Bewegung und Wandlung. So lebten sie nach den natürlichen Abläufen, respektierten und achteten sie. Sie schöpften Kraft und Lebensfreude daraus. Aus diesem Wissen sind viele der heutigen Errungenschaften unserer Gesellschaft hervorgegangen: die Medizin, die Astronomie, die Mathematik, die Musik usw.

Zu jeder Zeit gab es Menschen – und es gibt sie auch heute noch – welche die Geheimnisse des Lebens kannten und kennen: Druiden nahmen in der keltischen Gesellschaft eine wichtige Rolle ein. Ihnen war das Wohl der Menschen anvertraut. Und sie wirkten und wirken als spirituelle Lehrer. Jene, die sie aufsuchten, förderten und unterstützten sie auf ihrem Weg zu einer spirituellen Dimension. Sie ermöglichten ihnen so, seelisch zu wachsen und sich geistig zu entfalten. So konnte jeder Kraft und Reife finden, um seinen eigenen Beitrag zur Evolution, zu einer lebenswerten Zukunft zu leisten.

Druiden schufen seit jeher Symbole, Strukturen, Mythen, Rhythmen, Lieder, Rituale und Zeremonien, die den Suchenden an seine geistige Herkunft, an seinen persönlichen Mythos, seine karmische Aufgabe erinnern.

Nun, wie schaut das heute aus? Esoterische und spirituelle Themen stossen auf stetig wachsendes Interesse. Denn den Menschen der gestressten Multimedia-Gesellschaft fehlt es an Identität. Materieller Wohlstand und beruflicher Erfolg täuschen oft über vieles hinweg. Gerade das trübt den so notwendigen Blick für das Wesentliche, das Wertvolle. Aus der Unmenge von Esoterikangeboten wählt dann jeder, was ihm passt bzw. vermeintlich zu ihm passt. Pickt sich die Rosinen aus dem esoterischen Kuchen, oder glaubt, ohne zu hinterfragen, zu überprüfen.

Doch: Kein Mensch wird spirituell geboren oder hat Erleuchtung geerbt. Manche sind sogar der Meinung, Bewusstsein und Wissen über das Unsichtbare, Mystische komme von selbst. Der Trick dabei sei – das Nichtstun. Und so warten und hoffen sie, auch heute noch, und solange – bis es vielleicht zu spät ist. Doch nichts fliegt einem einfach so zu! Weshalb sollte der Mensch gerade für höhere Erkenntnis nichts tun müssen, wo er doch im Beruf und auch sonst im Leben meist hart dafür arbeiten muss, um etwas zu erreichen? Und dabei auch viel Zeit, Geld und Mühe investiert, investieren muss?

Heilung

....

Südosten

Die Bewusstwerdung
der Verantwortung
des eigenen und anderen Daseins

Was ist Heilung?
> Ein Richtungswechsel.

Wo beginnt Heilung?
> Bei ehrlicher Selbstbetrachtung.

Was ist die Voraussetzung für Heilung?
> Der richtige Zeitpunkt und aktive Bereitschaft.

Wann bin ich heil?
> Besinne dich auf die Lust und Freude des Lebens.

Wohin führt die Heilung?
> Zu einer Wende, einer anderen Lebensgestaltung.

Welche Heilungswege, Möglichkeiten gibt es?
> Unendlich viele, entsprechend der Notwendigkeit.

Was ist der schnellste, bestmögliche Weg zur Heilung?
> Was soll die plötzliche Eile? Du hast viel Zeit und Energie für deinen jetzigen Zustand aufgebracht.

Muss man, um Heilung zu erfahren, krank sein?
> Nein, nur authentisch, zu sich selbst bekennen.

Gibt es den richtigen Weg zur Genesung?
> Manchmal scheint es anders, als es ist.

Bin ich für meine Genesung selber verantwortlich?
> Gewiss. Wer sollte sonst für dich verantwortlich sein?

Ist Heilung endgültig?
> Nein, niemand ist vollkommen.

Welches Mittel ist optimal?

Das, welches deinen Körper stärkt, deinen Geist klärt, dein Seelenheil fördert.

Mit aktiver oder passiver Teilnahme?

Dies ist aufgrund der aktuellen Situation zu entscheiden.

Ist Verzicht gesund?

Wer bestimmt das Mass?

Wo fühle ich mich wohl?

Wo deine Sehnsucht gestillt wird.

Kann jeder heilen?

Wovon? Denn das hängt von vielen Faktoren ab.

Benötigt es zur Erkenntnis eine Krankheit?

Nein, denn dafür könnte dann die Zeit zu kurz sein.

Kann ich allein sein?

Es ist eine Notwendigkeit, wie Tag und Nacht.

Wie halte ich mich fit?

Den Körper durch Bewegung. Die Seele durch die Gemeinschaft. Den Geist durch Offenheit und kontinuierliche Weiterentwicklung.

Wie finde ich meine stärkende Energie?

Ruhe in der Bewegung, Verständnis durch Tun.

Wie bleibe ich mir selbst treu?

Indem du deine wahre Authentizität erkennst.

Was ist Heilsein?

Die funktionierende Synthese von Körper-Seele-Geist.

Darf ich Tiere essen?

Frag den König der Tiere, er gibt dir Antwort.

Warum bin gerade ich unheilbar krank?

Früher oder später ist jeder mit dem scheinbar Unmöglichen konfrontiert. Aber vielleicht bietet diese Situation dir und anderen Menschen die Chance, die Balance zwischen Geben und Nehmen zu finden.

Wie erkenne ich, ob jemand meine Hilfe braucht?

Indem er bereit ist, deinen Rat anzunehmen und auch umzusetzen.

Hilft es, wenn ich die Seele baumeln lasse?

Alles zu seiner Zeit.

Gibt es Wunderheilung?

Konkret, welche? Der Mensch ist das Wunder der Heilung, der eine Wende zulässt.

Was bewirkt Geistheilen?

Ein Vordringen in den feinstofflichen Körper.

Funktioniert Fernheilen?

Wozu? Face to face bietet eine korrekte Kontrolle eines Heilungsprozesses.

Kann ich die Erde heilen?

Welche Anmassung, die Erde heilt sich selbst.

Wo finde ich Harmonie?

In der Erdkraft, in der unendlichen Energie des Kosmos, im menschlichen Dasein.

Wie erhalte ich meine Gesundheit?

Erkenne die Funktion deines Körpers und beachte rechtzeitig seine Signale.

Ist Selbstdiagnose möglich?

Gewiss, wenn du die Kondition deines Körpers und die Sehnsucht deiner Seele kennst.

Wie befreie ich mich von einem seelischen Trauma?

Durch behutsame Auflösung – mit kompetenter Begleitung.

Wie löse ich ein körperliches Trauma auf?

Zuerst muss der Auslöser, die Ursache geklärt werden – dann folgt die dementsprechende Entscheidung.

Jeder hat doch seine Gebrechen. Ist das nicht normal?

Was ist normal? Das rechtzeitige Achten auf die Signale wäre normal.

Ist Krankheit das Gegenteil von Heilsein?

Nein, sie ist der Hinweis zur Revision.

Gibt es ein Heilsein oder hat jeder sein ganz persönliches?

Zum Glück sind wir noch nicht geklont.

Was ist, wenn ich krank werde?

Du hast versäumt, den Tank zu füllen – daher der physische und psychische Zusammenbruch.

Wieso werde ich krank, obwohl ich gesund lebe?

Im Moment zwar ein unangenehmer Zustand, jedoch Zeit, Bilanz zu ziehen, das Wesentliche zu erkennen.

Kommt Heilung von heilig?

Nein.

Wozu hat man Körper, Seele und Geist?

Zur Bewusstwerdung des wunderbaren Daseins.

Ist Heilung ein Weg oder kann sie plötzlich kommen, als Spontanheilung?

Es steht dir frei, deinen Weg zu wählen.

Was hat mein Bewusstsein mit Heilung zu tun?

Sich seiner bewusst zu sein schärft die Wahrnehmung.

Gibt es heilbare und unheilbare Krankheiten, wenn ja welche?

Die Antwort würde den Umfang des Buches sprengen.

Heilung für Erde, Mensch, Kosmos: Was sind sinnvolle nächste Schritte, was ist das Ziel, wie erreichen wir es?

Im eigenen Umfeld verantwortungsvoll und bewusst zu leben.

Gibt es Orte, die zur Heilung besonders geeignet sind, wenn ja welche?

Entscheidend ist der Heilungsprozess, dementsprechend die Wahl des Ortes.

Gibt es Mittel, die zur Heilung besonders geeignet sind, wenn ja, welche?

Seelisches Wohlbefinden, Mut und Akzeptanz zu sich selbst, wie man ist.

Was verbindet mich mit anderen Menschen?

Das Dasein.

Brauche ich andere Menschen?

Sicher, sonst wärst du gar nicht existent.

Was macht ein gutes Team aus?

Die gemeinsame Verantwortung, sowohl bei Erfolg als auch bei Niederlagen.

Bin ich teamfähig?

Das ist an produktiven Resultaten erkennbar.

Ist Toleranz grenzenlos?

Warum zögerst du, Stellung zu nehmen? Bleib dir selbst treu.

Bin ich einsam?

Du bist nicht allein.

Es hat den Anschein, dass unsere heutige westliche Gesellschaft alle Voraussetzungen für ein gesundes physisches und psychisches Wohlbefinden bietet. Sowohl im hygienischen Bereich als auch im räumlichen Umfeld. Am vielfältigen Nahrungsangebot herrscht kein Mangel, im Gegensatz zu anderen Kontinenten.

Zum Ausgleich des Alltagsstress bieten Fitnessclubs alle erdenklichen Methoden an: vom Krafttraining bis zu verschiedensten asiatischen Gesundheitstechniken. Wobei auch stets die Schulung des Geistes zumindest betont wird. Erstaunlich viele unterwerfen sich dabei einer ziemlich hierarchischen, militanten Vermittlungsweise, welche sie anderswo strikt zurückweisen würden.

Auch zur mentalen Entspannung, Stärkung findet jeder für sich anscheinend das Passende. Über Qigong, Tai-Chi, Yoga, Vipassana u.v.m. Wie schafften es bloss die Menschen in vergangenen Zeiten ohne die fernöstlichen Techniken und Weisheitslehren?

Der »bodenständige, realitätsbezogene« Mensch sucht seinen Gig, seine Grenzerfahrung im Extremsport. Leider führt dann allzu oft gedankenloser Leichtsinn zu lebenslanger Invalidität. Abgesehen davon ereilt jeden im Laufe des Lebens eine Krankheit, eine Infektion. Sei es ein körperlicher Schmerz oder seelische Unausgewogenheit, die den Menschen sozusagen zum Einhalt zwingen, zur eigenen Fürsorge, zur Änderung der bisherigen Lebensgestaltung.

Wie weit kann man Krankheit, Leid verhindern? Was ist zu beachten? Der erste Schritt ist, sich selbst zu lieben, auf sich zu achten. Sich so zu akzeptieren, wie man ist.

Unser Körper mit dem lebenserhaltenden Rhythmus, den funktionellen Mechanismen ist ein unvergleichliches natürliches Wunderwerk. Vom Beginn seines Seins erlebt der Mensch unzählige Ebenen, Begegnungen mit anderen Wesenheiten. Im Moment vielleicht unverstanden, doch zum Abruf gespeichert in seinem Unterbewusstsein. Druiden wussten und wissen durch gezielte Strukturen, Zeremonien, diese Erinnerung zu wecken.

Geborgen, versteckt, aus tiefem Eigengrund,
   pirscht langsam nah, langsam nah heran.
Geborgen, versteckt, aus tiefem Eigengrund.

Dies zu erkennen und sich darauf einzulassen, brächte den Menschen näher zu seinem Heil-en-Land.

Doch was macht der Mensch stattdessen? Er schneidet, trennt, analysiert im Labor. Und erkennt nur das, wonach er gemäss seines momentanen Erkenntnisstandes sucht. Diese Vorgangsweise vollzieht sich meist ohne Berücksichtigung der Lebensbasis – der Natur. Obwohl es sogar neuerdings ein Masterstudium der Wechselwirkung der Natur als Kraftquelle für den Menschen gibt. Na, dann ist doch endlich, aufgrund der wissenschaftlichen Fakten zu hoffen, dass der Mensch sich seiner Verantwortung jetzt und für zukünftige Generationen bewusst wird und danach handelt. Denn jeder kann mit seiner eigenen Lebensgestaltung zum Positiven und zu einem verantwortungsvollen Umgang mit den natürlichen Ressourcen beitragen.

Sein

···

Südwesten

Der Mut zur Loslösung
von eigenen Vorstellungen, Begrenzungen,
bewirkt das Erkennen
des scheinbar Unmöglichen.

Hat das Dasein einen Sinn?

Alles und Jedes hat seinen Platz im Rad des Lebens.

Wodurch unterscheidet sich Sein von Bewusstsein?

Vielen ist ihr Sein nicht bewusst. Wenn du jedoch kontinuierlich an deinem Bewusstsein arbeitest, erkennst du auch dein Sein.

Bedingt Sein einen Körper?

Wie könntest du sonst dein Karma erleben?

Bin ich ich?

Wer bist du?

Wie wichtig bin ich?

Du bist ein kleines Pünktchen im Universum.

Was stelle ich dar?

Die Wünsche deiner Seele, die Flexibilität deines Geistes.

Wie gehe ich am besten mit Schicksalsschlägen um?

Dankbar – denn sie bewirken einen Neubeginn.

Bestimmen frühere Leben mein Sein?

Du lebst jetzt in der Gegenwart, verliere, verirre dich nicht in der Vergangenheit.

Lass ich Veränderungen zu?

Verweigerung bringt Schmerz und Trennung.

Muss ich mein Leben verändern?

Wenn du nicht änderst, greifen andere ein.

Welche Chance birgt Veränderung?
Erfrischende Lebendigkeit.

Muss ich aus der Vergangenheit lernen?
Nein, wenn du gleiche Wiederholungen wünschst.
Ja, wenn du überraschend Neues erleben, erfahren
möchtest.

Nutze ich meine Chancen?
Du hast sie jetzt, verwirkliche deinen Traum.

Wie erkenne ich meinen Platz?
Indem es in dir absolut stimmig ist.

Was brauche ich zum Sein?
Bewusstheit von Körper, Seele, Geist.

Wie gewinne ich Selbstvertrauen?
Indem du dir Fehler erlaubst. Nobody is perfect!

Ist Sein endlich?
Das erfährst du zu gegebener Zeit.

Kann ich die Zukunft beeinflussen?
Sicher, jetzt mit praktischer Umsetzung.

Wie finde ich die feinstoffliche Welt?
Indem du hinter die Maske der stofflichen Welt
blickst.

Ist Sein göttlich?
Suchst du Gott ausserhalb oder innerhalb deines
Daseins?

Ist existieren auch Sein?

> Manche verfallen diesem Irrtum.

Was braucht es, um zu sein?

> Das All-ein-sein.

Ist Sein unabhängig von Raum und Zeit?

> Raum und Zeit bilden die Rahmenbedingungen des Lebens.

Gibt es noch die Zweisamkeit, oder ist das Single-Dasein das Los der Zukunft?

> Es liegt an dir, entscheide selbst. Triff deine Wahl.

Wie alt werde ich?

> Hast du auch bei deiner Geburt gefragt, wann du willkommen bist?

Was kommt nach dem digitalen Zeitalter?

> Eine lehrreiche Erkenntnis – Wende.

Wie erkenne ich die Essenz?

> Indem du dich von jeglichem unnötigem Ballast befreist.

Hat alles, was mir begegnet, mit mir zu tun?

> Mehr oder weniger – sonst würdest du es gar nicht wahrnehmen.

Heisst Sein nichts tun?

> Zweifelst du am Nutzen deiner Existenz?

Leistung oder Hingabe?

> Das eine schliesst das andere nicht aus.

Was bringt mich weiter?

Die Bereitschaft zu neuen Begegnungen, der Mut zu neuen Erfahrungen.

Warum kann ich nicht allein sein?

Anerkennung, Liebe, Geborgenheit sind Grundbedürfnisse des Menschen.

Ich suche schon solange, wie finde ich mich?

Hör auf, krampfhaft zu suchen. Erlebe freudvoll den Augenblick.

Wann beginnt Leben?

Bei der Zeugung, das Resultat ist sichtbar bei der Geburt.

Muss ich Kinder haben, um das Mutter-/Vatersein zu erfahren?

Auf vielen Ebenen erfährt man Liebe, Hingabe, Verantwortung.

Ich bin immer ich. Trotzdem ist immer alles anders?

Du bist nicht allein. Es gibt noch weitere Teilnehmer am Spiel des Lebens.

Ist Sein ein Zustand?

Sein ist die Fülle, der Ursprung der Energie.

Was hat das Sein mit dem Dasein hier auf Erden gemein?

Das Geschenk des Lebens, des Werdens und Vergehens.

Weshalb soll ich darüber nachdenken, wenn es ist, wie es ist?

Manche Menschen leben, andere werden gelebt.

Wenn etwas nicht so ist, wie es sein sollte: Was ist zu tun?

Die Konsequenz folgt früher oder später.

Stimmt es, dass ohne Sein nichts ist?

Bist du, oder bist du nicht?

Ist Sein mit den Mitmenschen verbunden?

Die anderen Menschen bieten dir Resonanz. Sie helfen dir, dich zu erkennen.

Wozu ist mein Sein auf Erden nützlich?

Analog: der Diamant, der Schliff macht den Wert sichtbar.

Wann kann ich etwas sein lassen, wann ist etwas zu tun?

Trenne die Spreu vom Weizen. Dann gewinnst du den Überblick.

Hat Sein mit bei sich sein zu tun?

Nicht nur, das wäre zu wenig.

Welche Voraussetzung braucht es, um echt, wahrhaftig zu sein?

Mut zur Authentizität.

Wann bin ich wirklich?

Wohin entschwebst du? Bleibe am Boden.

Was ist das Unterbewusstsein?

Alles, was dir noch nicht bewusst ist.

Wie unterscheidet man Vorstellung von Realität?
Indem man freiwillig von selbst aufwacht, oder auf
etwas unsanfte Weise geweckt wird.

**Wie komme ich meinem Sein, meiner Wirklichkeit,
meinem Talent auf die Spur?**
Mit kompetenter spiritueller Begleitung.

**Weshalb zählt heutzutage oft nur, was man hat, und
nicht, wer man ist?**
An dem, was man hat, worauf du Wert legst, ist
erkennbar, wer und wie du bist.

Wie viele Seinsebenen gibt es?
Unendlich viele, darum aktiviere alle deine Sinne,
um zu erkennen. Denn jede bringt dich näher zum
All-ein-Sein.

**Werden wir in Zukunft zwischen Virtualität und Rea-
lität leben?**
In Zukunft? Wir sind bereits soweit. Viele verirren
sich schon in der Virtualität und verweigern sich
der Realität.

Was heisst Selbstverwirklichung?
Die Balance zwischen Exoterik und Esoterik. Die
Übereinstimmung deiner Vitalstärke-Tendenzen-
Dynamik.

Weshalb ist man, was man isst?
Stopp! Lass dich in keine Schublade drängen.

Sein oder Nichtsein? Das ist die Frage, die sich entweder in feuchtfröhlicher Runde oder bei einem emotionalen Tief bei so manchen schon stellte. Vor allem bei plötzlich unerwarteten Schicksalsschlägen, beim Verlust eines geliebten Menschen, beim Ausbruch einer schweren Krankheit u.v.m. Die neue Situation erfordert dann ein Umdenken, ein Loslassen von bisher Gewohntem.

Einige kommen besser mit den neuen Gegebenheiten zurecht, nützen sie als Chance zur Veränderung. Andere wiederum verzweifeln, hadern mit ihrem Leben. Doch es finden sich immer Wege der Lösung, der Befreiung von Altem, von Belastendem. Beim Neubeginn, dem Wechsel der Perspektive, wird bisher unmöglich Scheinendes sichtbar. Manche benötigen Unterstützung, um sich von bremsenden, stets wiederholenden Verhaltensmustern zu lösen, einen Ausweg aus dem selbst geschaffenen Labyrinth zu finden. Damit ihr Leben nicht mehr durch andere oder durch die eigenen fixen Vorstellungen, wie man sein sollte, bestimmt wird. Der Mensch selbst wird dann zu seines eigenen Glückes Schmied. So kann er befreit im Innern wie im Äussern Neues entdecken. Er kann auf die Zeichen aufmerksam werden, die ihm begegnen, ihnen vertrauen und folgen.

Was ist nun der Sinn des Seins? Das Verstehen der Zusammenhänge, das Loslösen von Bremsendem, um Entwicklung zu ermöglichen. Denn die Begrenzungen setzt sich jeder selbst, wenn man nur in der »eigenen« Welt existiert und oft an illusorischen Vorstellungen festhält.

Nütze jetzt deine Zeit, um an der gesamten Fülle des Lebens teilzuhaben. Mensch – welch ein Glück – du hast die Chance zu erforschen, zu entdecken, zu erkennen. Die grosse Entdeckung, wie das persönliche Leben über Erkenntnis und Spontaneität zur Freude werden kann, steht bei vielen noch aus.

Lebendigkeit hat mit Ursprünglichkeit zu tun. War sie je vorhanden? Ging sie verloren? Wodurch? Natürlich muss man achtsam sein, in allen Bereichen des Lebens. Doch alles und jedes birgt Gefahren, und das Gefährlichste ist das Leben selbst, denn es endet unweigerlich mit dem Tod. Und da sind wir beim wunden Punkt. Die Furcht vor dem Ende. Erst dann, zu guter Letzt, stellen sich manche die Frage: War das alles? Denn nebst der intellektuellen Bildung wäre ja auch eine seelische und spirituelle Entwicklung sinnvoll. Die Balance zwischen Exoterik und Esoterik garantiert die Handhabung des sozialen Lebens als wertvolles mündiges Mitglied der Gemeinschaft. Das Schöpfen aus den eigenen Ressourcen. Das Erkennen des persönlichen Mythos.

Druidisches Wissen unterscheidet sich grundlegend von Glauben oder Meinung. Es ist Erfahrungswissen durch erleben, erkennen und umsetzen. Voraussetzung dafür ist eine aktive Geistes- und Lebenshaltung.

Tradierte keltische Spiritualität öffnet einen Weg, der mitten durchs Leben führt. Ohne Entbehrungen oder Enthaltsamkeit, aber mit Lebensfreude und Tatendrang. Ein Weg, der die Wahrnehmung mit allen Sinnen ebenso mit einschliesst wie einen gesunden Menschenverstand. Wobei die eigene Meinung und Selbstbestimmung gefragt sind.

Heiligtum

....

Nordosten

Erkenne dich, die Chance –
das Leben auf dieser, unserer
Mutter Erde.

Gibt es überhaupt etwas Heiliges?
Ja.

Ist Heiligtum an Religion gebunden?
Für Gläubige ja. Für Wissende nein.

Benötige ich in meinem Leben etwas Heiliges?
Wenn du »heil« sein möchtest, ja.

Ist Heiligtum vorbestimmt oder selbstgewählt?
Sowohl als auch – entsprechend der Bewusstseinsstufe des Menschen.

Wozu braucht es ein Heiligtum?
Zur demütigen Besinnung, der Chance, des wunderbaren Lebens – des Jetzt – des Hierseins.

Wie komme, finde ich hin?
Nicht in die Ferne schweifen, das Wesen-lichte liegt so nah.

Wie finde ich Einlass ins Heiligtum?
Durch Bereitschaft zum Menschsein.

Gibt es eine andere Welt?
Unzufrieden? Möchtest du auswandern?

Wo liegt die Anderswelt?
In der Vorstellung jedes Menschen.

Ab wann ist man erwachsen?
Wenn man sein Leben unabhängig von anderen Einflüssen gestaltet und für seine Handlungen die volle Verantwortung trägt.

Wie erfahre ich Ganzheit?

Indem du von deinem egoistischen, einengenden Podest herabsteigst.

Was ist mir wirklich wichtig?

Unbewusst: Liebe, Anerkennung, Zuneigung. Bewusst: Sicherheit, Gemeinschaft.

Wie konzentriere ich mich?

Indem du deinen Input-Output-Schalter betätigst.

Wie löse ich Probleme?

Jetzt – direkt, von Angesicht zu Angesicht.

Wie verschaffe ich mir Überblick?

Sachlich mit Distanz, sowohl aus der Vogelperspektive als auch aus der Froschperspektive.

Wie stimmig klingt es in mir?

Kommt ganz drauf an, welche Tonart gewünscht wird.

Braucht es eine Seele?

Gewiss, erst sie vollendet den Menschen.

Kann auch ich heilig werden?

Wenn du demütig und offen deinen wahren Weg gehst, ja.

Kann ich durch ein Heiligtum Heilung erfahren?

Nein, du selbst bist für deine Heilung verantwortlich.

Wie steige ich aus dem »Hamsterrad« aus?

Indem du Spreu von Weizen trennst. Indem du delegierst.

Was ist wichtiger: IQ (Intelligenzquotient) oder EQ (Emotionale Intelligenz)?

Optimal, wenn beides in Balance ist.

Wie finde ich das Beste im Leben?

Indem du ohne einengende Vorstellungen den dir gebotenen Möglichkeiten begegnest.

Gibt es eine Zukunft für die Menschheit?

Dies erfährst du bei deiner nächsten Inkarnation.

Woran kann man heute noch glauben?

An eine positive Wende, denn die Hoffnung stirbt zuletzt.

Wieso muss ich für esoterische Angebote bezahlen?

Gibt es irgendetwas kostenlos? Auch das Leben hat seinen Preis: den Tod.

Brauche ich einen Gott?

Gewiss, nur dir ist er noch unbekannt.

Wer lenkt die Geschicke der Welt?

Alles und jedes, Kosmos-Erde-Mensch, die in sich vernetzt wirkende Kraft.

Weshalb spricht man vom Heiligen Geist?

Diese Formulierung entspricht kirchlichen Institutionen – sie geben dir Antwort.

Was hat Heiligtum mit Glauben zu tun?
Eine passive Hingabe, ein Hoffen und Warten.

Welchen Sinn haben Rituale?
Sie dienen der Bewusstwerdung, dem Erkennen einer neuen Lebensphase.

Bringen mir alte Bräuche etwas?
Welche? Manche sind nicht mehr zeitgemäss, andere haben noch Gültigkeit.

Wie erlange ich Geheimwissen?
Durch Bereitschaft, Ausdauer und mit spiritueller Ausbildung.

Was kann ich von der Natur lernen?
Die lebenserhaltende Symbiose und Synergie, die Kraft des Geben und Nehmens.

Worauf kann ich hoffen?
Denken und warten hat bisher keine Wende bewirkt. Es ist Zeit, zu handeln.

Wie und wo treffe ich Gleichgesinnte?
An vielen Orten, erkennbar durch direkte Ansprache, durch Kommunikation.

Was ist Wahrheit?
Seit Anbeginn sind sich die »Gelehrten«, »Weisen« uneins. Finde du die deine.

Wann erkenne ich ein Heiligtum als solches?
Ergreifbar, spürbar, fühlbar in der Vereinigung.

Wie erhalte ich etwas, das mir heilig ist?
Wenn die nötigen Voraussetzungen gegeben sind.

Was ist ein Heiligtum?
Ein Natur-lichter Ort, eine Kreatur aus dem Reich der Fauna und Flora, welche dir das Tor zu anderen Dimensionen öffnen.

Gibt es ein einziges oder hat jeder eines für sich?
Es gibt viele, doch die innewohnende Kraft ist eins.

Kann man dort jemanden treffen?
Alles ist möglich.

Muss man es pflegen? Wenn ja, wie?
Ja, durch kontinuierliche Wachsamkeit.

Singt und spricht man dort miteinander?
Schwingung, Vibration, die Kraft der Energien machen erst das Leben hier auf Erden und im Überall möglich.

Wenn ein Kelte heilig gesprochen würde, wie sähe das aus? Was wäre der Inhalt? Wozu?
Dann war und ist er bestimmt kein Kelte, sondern im wahrsten Sinne ein »Scheinheiliger«.

Wann ist jemand heilig?
Ist es für dich erstrebenswert? Dann begib dich auf den Weg.

Wenn Heiligtümer fehlen, was fehlt dann?
Sieh dich um, es ist unübersehbar.

Wie muss ich mir ein Heiligtum vorstellen? Wie ein Gebäude?

Ohne Vorstellung, sie verhindert das Erkennen, die Sicht.

Wohin führen uns Heiligtümer, was bewirken sie?

Zum Erkennen unseres Seins und der damit verbundenen Verantwortung.

Wie unterscheidet man echte von unechten Heiligtümern?

An der Wirkung, die sie auf die Menschen haben.

Was sind die Heiligtümer der heutigen Zeit?

Augen, Ohren auf, sie sind unverkennbar.

Gibt es ein Heiligtum für die gesamte Menschheit?

Ja, aber die Menschen ignorieren es, weil sie sich selbst als allmächtig sehen.

Was bedeutet »ein Opfer bringen« ursprünglich?

Wer verlangt von wem, wofür ein Opfer? Das Leben ist ein Geben und Nehmen, wenn dieses ausser Balance gerät, wird es sich richten.

Was kann gehaltvolle Musik bewirken?

Achtung, du bewertest nach deinen musikalischen Kriterien. Erforsche erst die Wirkung von Ton, Klang und Rhythmus in dir.

Gibt es den heiligen Gral?

So, wie du es verstehst, nicht.

Über die Jahrtausende entstanden durch die Suche nach
Erkenntnis rund um den Globus viele Mythen, Traditio-
nen und Weltanschauungen. Viele sind auch wieder ver-
schwunden. Menschen haben versucht, das Menschsein
im Kosmos zu erfassen, das Geheimnisvolle, das Unerklär-
liche zu verstehen. Und dies schon seit der vorgeschicht-
lichen Zeit, nicht erst in den letzten hundert Jahren, seit
uns die Wissenschaft die Welt zu erklären versucht.

Dann entwickelten sich im Laufe der Zeiten Religionen
und der ursprünglich direkte Zugang zum wirklichen
Verstehen wurde in den Hintergrund gedrängt. Religiöse
Vorgaben und Dogmen überdeckten und verschleierten.
Sie schrieben dem Einzelnen vor, wie er zu leben habe,
um mit sich, der Gemeinschaft und Gott im Einklang zu
sein. In der heutigen Zeit präsentieren sich, nebst diversen esoterisch-spirituellen Stilrichtungen, vor allem die
Religionen und die Wissenschaften mit ihren formalis-
tischen Dogmen und Regeln. Sie prägen und bestimmen
das Leben und die Weltanschauung der Menschen.

Die Naturwissenschaft wurde jedoch in vielen Teilen
selbst dogmatisch. Was aktuell nicht wissenschaftlich
belegt und bewiesen werden kann, existiert nicht. Dabei
wird aber übersehen, dass diese Naturwissenschaft nur
die materielle Seite der Dinge berücksichtigt. Die Naturwissenschaft hat die Form einer Weltanschauung ange-
nommen und hat alles, was nicht materiell erklärbar ist,
sozusagen abgeschafft. Und so betrachtet, stellt sich die
Meinung der Nichtesoteriker und auch der religiösen
Menschen, sie seien selbstständig und unabhängig, im
Endeffekt als grosser Irrtum dar.

Man kann Fragen nach den Hintergründen des Lebens nicht einfach so abschaffen oder verdrängen. Sie schlummern in jedem – egal, ob der Mensch bewusst lebt oder nur dahinvegetiert. Sie stellen sich, oft in bestimmten Lebenssituationen, immer wieder. Sei es, dass man sich im Negativen dem Schicksal ausgeliefert fühlt, oder dass man im Positiven wissenschaftlich nicht erklärbare Phänomene beobachtet oder solche Fähigkeiten an sich entdeckt. Der Wunsch, dahinter zu sehen, selbständig und verantwortungsbewusst damit umgehen zu können, weckt in unserer scheinbar aufgeklärten Welt bei vielen Menschen das Interesse für das Geheimnisvolle, das Verborgene, das Esoterische, das Spirituelle.

Die Suche nach ewigen Werten, nach der Sinnhaftigkeit des Lebens, nach den geistigen Wurzeln des Menschen hat wieder Aufschwung bekommen – gleich einer Reaktion auf diese scheinbar aufgeklärte, aufs Materielle reduzierte Welt. Doch je länger sich der wahrhaft Suchende auf den Weg begibt, kommt er schlussendlich zur Erkenntnis, dass die einfachsten Übungen die wirksamsten sind. Künstlich herbeigeführte Konfrontationen bieten nie den Wert der direkten Lebenserfahrung.

Die Druidische Kultur, unsere ur-abendländische Kultur, beinhaltet seit anhin eine Weltsicht, die weder Zufall noch Vorbestimmung, sondern freien Willen kennt. Eingebettet in eine kosmische Ordnung, an der die Menschen teilhaben. Und dies von und für freie – selbständig denkende und handelnde – Menschen, oder auch für solche, die es noch werden wollen.

Das Wissen der Druiden

....

Eine vergessene Hochkultur –
Das vorgeschichtliche Abendland

Die abendländische Kultur ist nicht nur jahrtausendealt, sondern Europa bietet heutzutage auch die höchste Lebensqualität weltweit. So belegten zum Beispiel die Städte Wien und Zürich 2015 im internationalen Ranking der lebensfreundlichsten Stadt die Ränge 1 und 2.

Kein anderer Kontinent brachte derart viele Künstlerinnen und Philosophen hervor. Nirgendwo anders ist der Forschergeist so stark ausgeprägt und herrscht heute eine solche Offenheit und Toleranz gegenüber anderen Kulturen und Religionen. Auf keinem anderen Erdteil ist das soziale Gefälle in der Gesellschaft derart klein. In Europa liegt bekanntlich die Wiege der Demokratie. Auch die Frauenbewegung, die Gleichberechtigung der Geschlechter, nahm in Europa ihren Anfang. Und schliesslich wurde in unseren Breitengraden der Umweltschutz ins Leben gerufen.

Dennoch liegt die frühe Geschichte des Abendlandes, die sogenannt vorgeschichtliche Zeit, weitgehend im Dunkeln. Als gesichert gilt jedoch die Annahme, dass Europa einst eine grossartige Hochkultur besass und deren Wissen im Kern, im Wesen, als das Wissen der Druiden der Kelten Mitteleuropas bis in die heutige Zeit tradiert überliefert ist. Umso erstaunlicher, dass die Geschichtsschreibung auch im 21. Jahrhundert nur vorgeschichtliche Hochkulturen in Asien, Afrika, Süd- und Mittelamerika erwähnt. Vermittelt wird noch immer der Eindruck, Europas Geschichte habe erst mit den Griechen und Römern begonnen.

Es stellt sich die Frage, weshalb alle anderen nativen Kulturen auf unserer Welt unbestritten sind und kaum kritisch hinterfragt werden, und weshalb gerade die abendländische, die frühkeltische, also unsere eigene, ignoriert oder gar verleugnet wird.

Denn die Folgen sind nicht zu unterschätzen: Die Menschen Europas sind dadurch ihrer ureigenen Wurzeln beraubt. Geistige Herkunft und die Auseinandersetzung mit den eigenen Mysterien schaffen Identität, Orientierung und bergen die Chance für spirituelle Erkenntnis – gerade in der heutigen Zeit, in der sich immer mehr Menschen trotz modernster Navigationssysteme zunehmend orientierungslos fühlen. Dabei geht es nicht um eine Rückschau als Rückkehr in vergangene, verklärte Zeiten, sondern darum, das eigene Ur-Wissen in der Gegenwart abzurufen und einzusetzen, um echte Lebensqualität zu schaffen, die Probleme unserer Zeit zu lösen und positiv auf die Zukunft zu wirken.

Ohne die Kenntnis derjenigen Kultur, in die man hineingeboren wurde, ist man orientierungslos. Das sagen und sagten alle Weisen aller Kulturen zu allen Zeiten. Allein die Astrologie, die heutzutage wieder auf breite Akzeptanz stösst, wäre ohne Heimatbezug ad absurdum geführt. Denn dort geht es schon beim Aszendenten darum, wo man geboren ist. Und letztendlich wird ohne die Verbundenheit mit der eigenen Kultur auch der Zugang zum universellen Wissen erschwert. Denn gerade der Zugang über den eigenen Kulturkreis gilt seit jeher als der einfachste und direkteste Weg.

Welchen Sinn sonst hätte die Geburt als Europäerin oder Europäer – wenn man das Zufallsprinzip mal ausschliesst?!

Es erstaunt also nicht, dass heutzutage viele Europäer in andern Kulturen und auf andern Kontinenten nach lebendiger Tradition, Spiritualität, Meditation, Ritualen, Zeremonien oder uraltem Heilwissen suchen. Und nach Antworten auf die Geheimnisse des Lebens, die den Menschen seit jeher beschäftigen. So suchen sie überall auf der Welt das, was sie zuhause nicht zu finden glauben, weil sie dort noch nicht ernsthaft gesucht haben.

Die Kelten

Vielleicht rührt die fehlende Akzeptanz für die eigene Vorgeschichte daher, dass die europäischen Gelehrten der Schrift schon sehr früh mächtig waren und gerade die Europäer deshalb so wissenschafts- und schriftengläubig sind wie keine andere Ethnie. Dass zum Beispiel die indischen Veden erst kurz vor unserer Zeitrechnung (ca. 400 v. Chr.) schriftlich festgehalten wurden und vom Westen allgemein als seriös eingestuft werden, wirft weitere Fragezeichen auf. Kommt hinzu, dass gerade die Veden – was in Sanskrit »Wissen« bedeutet – ihren Ursprung wohl auf dem indoeuropäischen Kontinent haben. Denn dies ist geschichtlich dokumentiert: Um 1500 v. Chr. strömte ein indoeuropäisches Volk aus dem Nordwesten nach Indien und stiess dort auf die Überreste der Induskultur. Dieses Volk sprach Vedisch. Aus dem Vedischen entwickelte sich Sanskrit. Die indische Urbevölkerung nahm nach und nach die Gewohnheiten der Einwanderer an.

Vergleichende Sprachforschung zeigt, dass die indoeuropäische Sprachfamilie eigentlich kelto-tocharisch oder tocharo-keltisch heissen müsste. Die heute ausgestorbene tocharische Sprache – die im Tarimbecken, westlich von China und nördlich von Tibet gesprochen wurde –, zählte nebst dem indischen Sanskrit ebenso zu dieser Sprachfamilie wie die keltischen Sprachen Westeuropas.

Die indoeuropäische, sprich frühkeltische, Seelenwanderungs- und Reinkarnationslehre wurde deshalb wahrscheinlich mit den Völkerwanderungen vor tausenden von Jahren in alle Himmelsrichtungen getragen – auch in den Osten. Aus diesen Völkerwanderungen entstanden vor Ort unterschiedliche Kulturen und Religionen. In Indien der Hinduismus und der Buddhismus. In Südeuropa zum Beispiel die Achäer, die Frühgriechen.

Das heutige Bild der Kelten

Wie die Kelten heutzutage wahrgenommen werden, entspricht noch immer dem Bild, das griechische und römische Schriftsteller zeichneten. Bei den Griechen und Römern galten sie als Barbaren. Mit »Barbar« wurden im antiken Griechenland all jene bezeichnet, die kein griechisch sprachen. Interessant auch, dass das Sanskrit-Wort für fremde Völker »barbarāh« lautet, was auf dieselbe Sprachherkunft deutet: nämlich die frühkeltische. Im modernen Sprachgebrauch hingegen wird barbarisch für roh, unzivilisiert und ungebildet verwendet.

»Kelten« ist ein Sammelbegriff. Darunter fallen einzelne keltische Kulturen, die an unterschiedlichen Ort entstanden. In der Schweiz zum Beispiel die Helvetier. Das Wort Kelten (griechisch »Keltoi«) geht ebenfalls auf die

Griechen zurück und stand damals für alle Menschen, die jenseits der Alpen wohnten. Was in England und Irland geschah, hatte nur am Rande mit den Kelten zu tun. Irland diente höchstwahrscheinlich als Zufluchtsort nach dem Einfall der Römer und nach dem Druidenverbot, das Rom kurz vor Beginn unserer Zeitrechnung erliess. Die moderne Esoterik basiert dort auf späteren irischen Epen. Damit zählt sie zur Geschichte der Britischen Inseln. Zudem besteht ein klarer Unterschied zwischen Keltentum und dem Wissen der Druiden, der Kelten. Keltentum, Christentum … »tums« sind immer verbunden mit Religion und Glauben. Wissen, das Wissen der keltischen Druiden, jedoch ist konfessionsfrei – für freie Menschen.

Die Druiden

Als Druiden werden die keltisch Wissenden, die Sehenden bezeichnet. Denn sie sehen hinter die Ereignisse, durchblicken die künstliche Fassade der Welt und der Menschen. So nahmen sie einst in der Gesellschaft eine Schlüsselrolle ein: Sie berieten Politiker und sprachen Recht. Sie waren sozusagen ganzheitliche Naturwissenschafter, heilten Menschen, fungierten als Magier – als Mittler zwischen Göttern und Menschen, zwischen Himmel und Erde. Sie waren sternenkundig, beherrschten die geistige Kommunikation mit allen Lebewesen – von Telepathie bis Astralreisen, über Ort, Raum und Zeit hinweg. Und sie hatten die Gabe, den göttlichen Funken, den jeder in sich trägt, zu entfachen. Falls das Gegenüber dazu bereit war. Sie lehrten das Vertrauen in das Göttliche, das Geschehen vom Entstehen über das Sein zum Vergehen. Sie hatten Vertrauen in das Wesen der Menschen und waren der Ansicht, dass für den Menschen nichts unmöglich ist, nur, dass er seine wahre Grösse noch nicht erkannt hat. Den wahrlich Suchenden begleiteten sie, unterstützten ihn mit Rat, gaben die notwendigen Hinweise, um das Geheime zu erfahren, das Verborgene zu finden – und so ist es auch heute noch.

Die Druiden haben ihr Wissen nicht aufgeschrieben – nicht etwa, weil sie das nicht konnten. Sondern weil sie um die Folgen und Defizite von statischem Wissen in Form von Schriften wussten und noch immer wissen. Und weil sie die Fähigkeit hatten und haben, in Worten zu unterrichten, die jedes Gegenüber, jeder Mensch in seinem individuellen Verstehen fördert. Angepasst auf die jeweilige Zeit, die herrschende Kultur, die gesellschaftlichen Gepflogenheiten. Denn Wissen heisst eigentlich ursprünglich: erfahren, erleben, erkennen. Doch heute verstehen die meisten darunter eine Bibliothek, eine Sammlung von Informationen. Gerade dieses Wort, dieses Beispiel zeigt, wie schnell sich festgeschriebener Inhalt verändern kann. Zudem sind schriftliche Aufzeichnungen immer nur so gut, wie ihr Verfasser respektive seine Prägung, seine Wertvorstellungen und sein Bewusstsein.

Der im Westen gebildete Mensch glaubt, mündliches Wissen sei veraltet, unseriös, oder Wissensinhalte würden in einer alten Geheimsprache an Auserwählte weitergegeben. Das tradierte Wissen der Druiden stand jedoch stets allen Menschen offen und ist immer mit der Zeit gegangen, ohne dabei an Kraft, Klarheit und Qualität zu verlieren. Denn die Welt dreht sich, ändert sich immerfort. Und alles Leben ist unablässig in Bewegung: die Erde, der Mensch, der Kosmos. Nebenbei bemerkt: Bei Inhalten, die von Mensch zu Mensch vermittelt werden, besteht nie die Gefahr von Abschriften, von Plagiaten. Und wir hätten schon ein Problem weniger.

Von den Kelten selbst sind also keine schriftlichen Zeugnisse überliefert. Deshalb ist man bei den Druiden auf römische und griechische Quellen beschränkt – sofern man auf keine lebenden Druiden trifft oder sie findet. Heute noch bekannte Schriftsteller schrieben erstmals im 6. und 5. Jahrhundert v. Chr. über die Kelten. Bei diesen Schilderungen ist zu berücksichtigen, dass die Chronisten aus anderen Kulturen stammten und ihnen das keltische Weltbild fremd war. Weiter wurde auch damals schon mit solchen Aufzeichnungen Propaganda betrieben – aus politischen und wirtschaftlichen Interessen. Nicht zuletzt rechtfertigten die Römer im Senat mit Berichten über angebliche Druidenopfer und blutrünstige Keltenhorden die Unmengen von Kriegsgeldern, die ihre Heere verschlangen.

Nichtsdestotrotz lohnt es sich, einen Blick in diese Berichte zu werfen. So hielt Dion Chrysostomos fest: »Die Kelten nannten ihre Priester Druiden; sie beherrschten die Kunst des Weissagens und jede andere Wissenschaft.« Und Cicero: »Sie behaupten, die Naturgesetze zu kennen.« Laut Pomponius Mela kannten sie »die Grösse der Erde und der Welt, die Bewegung der Gestirne, den Willen der Götter.« Und Poseidonios schrieb: »Die Lehre der Druiden ist, dass die Seelen und die Welt unvergänglich seien.« Verschiedene andere beschreiben die druidische Karmalehre wie folgt: »Der Tod ist die Mitte eines langen Lebens, es herrsche weiterhin der gleiche Geist, nur in einem anderen Körper und in einer anderen Welt.«

Nach den Griechen und Römern kamen in Europa die Religionen. Sie übernahmen das alte Brauchtum, auch die Jahresfeste, weil die Menschen sich damit identifizierten und daran festhielten, stülpten aber ihre neuen Inhalte darüber. Das ursprüngliche Wissen wurde verdreht, die Wissensträger verfolgt. Immer mehr machte sich der Glaube als Wahn der Hoffnung breit. Tugendhafte und Demütige wurden verhöhnt, die Freiheit an Herrscher, das Seelenheil an die Kirche abgetreten. Schriften und Bilder galten als Abbild eines einzigen Gottes und wurden vorbehaltlos verehrt.

Vergessen hat man alte Lehren.
Das Geheimwissen von der Allnatur.
Doch können wir es nicht entbehren,
Spirituelles Wissen schuf einst die Kultur.

Wissen und Wissenschaft heute

Im 21. Jahrhundert unserer Zeitrechnung leben wir in einer vorwiegend materialistischen Zeit. Wissen und Wissenschaft werden auf das Erfassen durch die fünf Sinne reduziert. Anerkannt ist nur, was damit wahrgenommen werden kann. Doch allein schon dies wirft die Frage auf, weshalb uns dann die Tiere nicht ausnahmslos voraus sind, sind ihre Sinne doch meist deutlich schärfer als die unseren. Das, was man heute unter Wissen versteht, wird vorwiegend auswendig gelernt, eingetrichtert. – So kann es niemals lebendig werden.

Doch: »Man kann jemandem, der nichts versteht oder nicht verstehen will, nichts erklären. Besonders nicht, was er versäumt.« Inzwischen ist das Unbehagen über diese generelle Reduktion auf das Materielle in unserer Gesellschaft schon beachtlich gross: so, dass nicht nur Esoteriker, sondern auch rein rational Denkende zugeben, dass es Kräfte gibt, von denen wir nichts mehr wissen. Die reinen Erkenntnisquellen zu leugnen, nur weil man keinen Zugang dazu hat, scheint immer absurder. Und eine Tatsache ist auch, dass sich eine rasch wachsende Zahl von Menschen auf Sinnsuche begibt.

Allerdings dient dies der Sache nur bedingt, da manche spirituell Suchende sich auf Um- und Abwegen befinden, die Kritikern leichte Angriffsmöglichkeiten bieten. Berücksichtigt werden sollte dabei jedoch, dass es zu allen Zeiten begnadete und weniger begabte Musiker gegeben hat, um ein neutrales Beispiel zu nehmen. Und dass es auch zu allen Zeiten Musiker gab, die rein um des Geldes willen spielten, oder um sich selbst darzustellen. Glaubt man deshalb, dass Mozart, Beethoven und Co. unseriös waren?

Die lebendigen Kelten und Druiden

Durch die GSG – Gesellschaft für Spirituelle Geistesentfaltung und ihre vielfältigen Aktivitäten wurde den Menschen in unseren Breitengraden das immaterielle Kulturerbe der Kelten und Druiden wieder in Erinnerung, ins Bewusstsein gerufen. Und das Wissen der Druiden seit Anfang der 1980er-Jahre wiederbelebt: mit Seminaren und Vorträgen, mit der Traditionellen Barden Musik und der Keltischen Musik, mit Sagen, Märchen, Legenden und Mythen, mit Druidischer Kunst und der konkreten Anwendung von Druidischem Heilwissen.

Im Fahrwasser dieser Aktivitäten wurden vor allem in den letzten zehn Jahren von unzähligen Autoren unzählige Bücher über die Kelten, die Druiden, die Hexen und deren angebliches Wissen publiziert. Doch das authentische Wissen der Druiden war und ist in keinem Buch nachzulesen, wie vorgängig ausgeführt. Denn es handelt sich um Erkenntniswissen – erlangt durch praktische Erforschung und unter fachkundiger Anleitung, was letztendlich zu höherem Verständnis und zu Erkenntnis führt.

Das Wissen der Druiden

Das Wissen der Druiden beruht auf einer höchstentwickelten Spiritualität, auf dem magischen Sein und Denken, das Erde, Mensch und Kosmos als Einheit erlebt. Der Mensch ist materialisierter Geist und dieses Wissen bringt ihm sein göttliches Wesen und die Einbettung im

universellen Sein ins Bewusstsein. Damit sind die denk-
bar besten Voraussetzungen geschaffen, dass der Mensch
– in diesem Leben – seine persönliche Meisterschaft erreichen kann. So sind Diesseits und Jenseits für Einge-
weihte nicht getrennt; und es wird auch nicht mit dem
Massstab »gut und bös« unterschieden.

All die in und um uns wirkenden Kräfte befinden sich
in einer stetigen Wechselwirkung, und sie stehen dem
selbstverwirklichten Menschen, dem Eingeweihten zur
Verfügung. Denn er selber ist nicht einfach Spielball dieser Energien, sondern er weiss mit ihnen umzugehen, sie
sinnbringend zu nutzen.

In der Lehre der Druiden entsteht die Seele nicht erst
mit der Geburt. Sie ist der unsterbliche Teil des Menschen, die Trägerin aller Erinnerung von Wissen durch
Raum und Zeit – der individuellen wie der universellen.
Grundsätzlich besitzt jeder Mensch, jede Seele, die Fähigkeit, sich zu erinnern. So bietet das Wissen der Druiden eine Vielzahl von Zugängen, die Anstösse für eine
Wiedererinnerung geben. Durch die praktische Erforschung der Grundlagen der Druidischen Mystik kommt
der Mensch Schritt für Schritt seinem eigenen Wesen
und dem Wesen allen Seins näher und näher. Als Grundlagen dienen tradierte Strukturen, Heilkunst, Musik,
Mantik, Magie, Astrologie, Runen, Schamanismus, Kon-
templation und Kommunikation im Reich der Feen und
Naturwesen, mit Pflanzen, Tieren, Menschen und Göttern, Mythologie des Ursprungs allen Seins.

Jeder einzelne Mensch mit seinem eigenen Selbst ist
also die Quelle. Das Wissen der Druiden ermöglicht ihm,

den Eingang dazu zu finden und damit auch den Zugang zu seiner geistigen Heimat und Bestimmung, zu seinem Ursprung. Dank der einzigartigen und zeitlosen Methode der GSG – Gesellschaft für Spirituelle Geistesentfaltung kann der moderne Mensch im multimedialen Zeitalter einen spirituellen Weg beschreiten, der ihn mitten durchs Leben und gleichzeitig in seine Mitte führt. Ein Weg, der keine Enthaltsamkeit und keine Einsamkeit verlangt, sondern ein Weg, der ihn in seiner Persönlichkeit stärkt, in ihm die Liebe zu allem Lebendigen wachsen lässt, ihm fundiertes Wissen vermittelt, das er zu jeder Zeit und in allen Lebensbereichen und Lebenslagen einsetzen kann.

Keltisch-druidische Spiritualität

Keltisch-druidische Spiritualität ist eine Lebenshaltung, eine Lebensweise, die auf einem freien Geist, einem freien Willen, auf Selbstverantwortung, Hingabe, Respekt und Achtung vor der Schöpfung beruht. Diese andere Art des Denkens schliesst die Vernunft und den gesunden Menschenverstand nicht aus! Im Gegenteil. Gerade weil Diesseits und Jenseits nicht getrennt sind, gilt es, im Diesseits, in diesem Leben aktiv zu wirken, dieses selber zu gestalten und somit sein eigenes Schicksal zu bestimmen.

Diese Haltung des aktiven Handelns steht im Gegensatz zu östlichen Philosophien, bei der die »maya«, die Welt als Illusion, abgelehnt wird und Verzicht und Abkehr davon als Voraussetzung für spirituelle Erkenntnis gelten. Und sie steht auch im direkten Widerspruch mit der buddhistischen Sichtweise, deren wichtigste Wahrheiten lauten: Alles Leben ist Leiden. Alles Leiden hat seine Ursache in den Begierden.

Der Kelte strebt – einst wie jetzt – nach freudigen Taten auf der Erde: Denn jeder Mensch hat eine bestimmte Lebensaufgabe und das Ziel, seinen Teil zur Evolution beizutragen. Und dies kann nur durch den aktiven Beitrag des Einzelnen innerhalb und mit der Gemeinschaft erreicht werden. Und er verfolgt seine Ziele mit Mut und Herzblut – und nicht mit Gleichmut.

Dass die individuelle Einzelseele – im Vergleich zur universellen Weltseele der östlichen Lehren – im Abendland einen wichtigen Platz einnimmt, zeigt sich auch deutlich in der keltischen Mythologie: Der keltische Held lebt und wirkt stets im Hier und Jetzt. Sein persönliches Handeln, sein individueller Weg, seine Selbstverantwortung und seine freie Entscheidung werden in allen Sagen und Legenden stark betont. Ein keltisch-spiritueller Mensch ist also aktiv; er wartet und hofft nicht einfach, dass er die Dinge eines Tages versteht, sondern er stellt sich den Herausforderungen des Lebens. Und er ist sich bewusst, dass alles, was er denkt, sagt und tut eine Wirkung hat. Denn: So wie oben, so auch unten. So wie innen, so auch aussen.

Sünde oder Schuld existieren gemäss der druidischen Lehre nicht. Doch Selbstverantwortung sehr wohl: Jede und jeder ist für seine Gedanken, Worte und Taten – für Ursache und Wirkung – selber verantwortlich und hat direkt dafür einzustehen. Darauf weist auch der folgende, uralte Spruch hin:

»Achte auf deine Gedanken,
denn sie werden Worte.
Achte auf deine Worte,
denn sie werden Handlungen.
Achte auf deine Handlungen,
denn sie werden Gewohnheiten.
Achte auf deine Gewohnheiten,
denn sie werden dein Charakter
Achte auf deinen Charakter,
denn er wird dein Schicksal.«

Ein weiteres Merkmal der keltischen Kultur und der keltisch-druidischen Spiritualität ist die Gleichberechtigung von Mann und Frau. Und dies seit jeher und nicht erst seit dem neuzeitlichen Feminismus. Denn ein Wissen, das von zeugenden und empfangenden Kräften ausgeht, die einander bedingen, um Leben zu schaffen und zu erhalten, ein solches Wissen stellt nie das eine über das andere!

Deshalb erstaunt es nicht, dass es sogar antike literarische Quellen gibt, die von Druidinnen berichten. Interessant auch, dass es aus frühen Zeitepochen in Europa prächtige Gräber für Frauen wie für Männer gab.

Anders sieht es heute leider in den Ländern anderer früherer Hochkulturen aus: Dort werden Frauen oft für Haus, Herd und Kinder gebraucht oder als Sexualobjekt missbraucht. Und weil Söhne ergo wertvoller als Töchter sind, gibt es immer mehr Männer als Frauen, die als Folge keine Frau mehr finden und nicht wissen, wo und wie sie ihre männliche Energie ausleben sollen. Die Folgen davon? Wir kennen sie leider alle …

Antworten auf globale Fragen

Heutzutage strebt der Mensch zu immer noch mehr, Superlativen sind zum Alltag geworden: der Schnellste, die Grösste, der Beste. Gesellschaftlich zählt vor allem, was man hat, materiell oder an Anerkennung, an Titel, an Bekanntheit – und nicht was man kann respektive wer man wirklich ist.

Gegen ein gesundes Streben nach Erfolg ist nichts zu sagen. Der Haken liegt beim Denken – beim Weltbild der Moderne, wie eingangs ausgeführt. Kinder werden mit unserer Leistungsgesellschaft immer früher konfrontiert. Doch echte ethische Bildung gibt es nicht – nicht mehr. Dieser Mangel an Ethik in einer gleichzeitig hoch entwickelten Technologie-Gesellschaft, in der fast alles möglich ist, führt unweigerlich zur Zerstörung der Allgemeingüter wie Erde, Luft, Wasser, Feuer – unseren Lebensgrundlagen notabene. Hierzu ein Beispiel: Weshalb sind die Weltmeere derart verschmutzt? Weil sie niemandem gehören, der sie beschützt. Denn für Allgemeingut will keiner Verantwortung übernehmen, nur für eigenen Besitz. Zudem: Ethische Erziehung und Bildung wäre in unserer multikulturellen und multireligiösen Gesellschaft nötiger denn je, um tolerant und friedvoll miteinander leben zu können.

Ein Weltbild, wie es im Wissen der Druiden gelehrt und gelebt wird, kann helfen, die einseitige Konzentration auf

das materielle und rationale Leben und Denken zu über-
winden, was uns bei der Lösung der Probleme unserer
Zeit wohl am meisten hindert.

Das beginnt damit, dass man die bisherige Sichtweise
in Frage stellt oder zumindest hinterfragt. Und die Dinge
aus einer anderen Optik betrachtet. Denn unserer Erde,
der Natur kann man auch im Kleinen (privat) wie im
Grossen (in der Wirtschaft, der Politik) mit Respekt begegnen, sie achtsam kultivieren, ihre Gaben sinnvoll nutzen. Dieser Prozess kann jedoch nur im Kleinen seinen
Anfang nehmen, aus einem inneren Bedürfnis heraus in
Gang kommen – im Sinne einer »inneren Ökologie«.

Voraussetzung ist, dass man die Erde als lebendigen
Organismus betrachtet. Dann erhalten bis anhin selbst-
verständliche Gegebenheiten eine neue Bedeutung: zum
Beispiel die vier Jahreszeiten. Die Zeit ist dann auch nicht
mehr linear, sondern es ergibt sich ein ewiger Kreislauf
von Werden, Sein und Vergehen: Das Rad des Lebens.
Denn die Erde ist immer in Bewegung, wie der menschliche Organismus auch. Bewegung ist Leben.

Durch die Beobachtung der Natur und ihrer fortlau-
fenden Veränderung kann der Mensch in sich selber An-
lagen und Veränderungen wahrnehmen, da er ja Teil der
Erde ist. Die Natur ist also der Schlüssel, um sich selber,
die Erde mit all ihren Lebewesen und schliesslich auch
unsere Einbettung in den Kosmos zu erfassen, da sich die
Natur in Harmonie mit dem Universum befindet. Durch
die praktische Erforschung sind Körper, Seele und Geist
daran beteiligt. Der Mensch kann sich so schrittweise
selber erkennen und zu seiner wahren Natur, seinem ur-

sprünglichen Wesen finden. Wenn die Selbsterkenntnis steigt, dann wächst parallel auch das Verständnis für unsere Welt, die man aufmerksamer, umfassender und tiefgründiger wahrnehmen kann.

Steigt das Wissen um die grossen Zusammenhänge, wächst auch die Liebe zu allem Lebendigen. Der Mensch entwickelt sich natürlich vom »Ich« zum »Du« und weiter zum »Wir«. Oder anders ausgedrückt: Körper, Seele und Geist kommen in Einklang. Er kann sich dadurch selber verwirklichen, seine eigenen Fähigkeiten und Stärken in Tätigkeiten anwenden, in denen er einerseits völlig aufgehen kann, und die er andererseits zugunsten eines höheren Ziels und zum Wohle der Allgemeinheit einsetzen kann.

Auch in Sachen Kommunikation birgt das spirituelle Wissen unserer Vorfahren eine Chance: In der »Organischen Kommunikation« der Druiden geht es nicht darum, wer mehr oder wer es besser weiss. Sondern jede und jeder nimmt in einem Gespräch einen Standpunkt ein, bringt seine Sicht ein, trägt zum grossen Ganzen, zum Thema bei. Das ermöglicht ein umfassendes Betrachten für alle. Man kann Themen in einem anderen Licht oder Kontext sehen, worauf man alleine nicht gekommen wäre. Hand in Hand vertieft man damit das eigene Wissen für das Diskutierte, erweitert den Horizont und das Verständnis für andere Menschen und deren Ansichten. Und gemeinsam kann man gänzlich neue Lösungen finden.

Die ursprünglichen Tugenden des Abendlandes sind heute in der ganzen Welt mehr denn je gefragt: mehr

Mut zum persönlichen Risiko, mehr Engagement mit Herz, mehr gesunder Menschenverstand, mehr Eigenverantwortung und die Bereitschaft, ausgetretene Wege zu verlassen und neue Pfade einzuschlagen – anstelle von starrem Besitzdenken, passivem Konsumverhalten, krankhafter Imagepflege und kollektiven Schuldzuweisungen.

Das folgende Zitat stammt vom tschechischen Schriftsteller und Publizisten Alexander Roda Roda. Er sagte einst sinngemäss:

>»Als Europäer geboren zu werden,
>ist ein grosses Glück.
>Es ist aber auch schön,
>als Europäer zu sterben.
>Doch was tut man dazwischen?«

Helga Tiadisa Wenzl, geb. 1950
in Wien, lebt und wirkt als Druidin,
spirituelle Mentorin, Coachin,
Musikerin, Malerin, Künstlerin …

Es gibt Augenblicke im Leben jedes Menschen, in welchen er die Sinnhaftigkeit seines Tuns, die Werte seiner Lebensgestaltung in Frage stellt. Beginnend bei der Betrachtung seines Umfeldes: Familie, Freunde, Studien- und Berufskollegen, Lebenspartner zeigen die Tendenz des bisher beschrittenen Weges auf.

Doch ist es wirklich der selbstbestimmte Weg, das Ziel? Oder erfüllt man vielmehr die Wünsche, Vorstellungen anderer, um gelobt, anerkannt, geliebt zu werden?

Wenn jedoch das Objekt der Begierde, wofür man sich sozusagen »aufgeopfert« hat, abhanden kommt, ist der Mensch geschockt, frustriert – fällt in ein schwarzes Loch. Das Leben scheint leer, ohne Inhalt, das Dasein sinnlos.

Dieser Vorgang vollzieht sich nicht nur auf emotionaler, sondern auch auf intellektueller Ebene. Denn, auch beim Erklimmen der Karriereleiter verliert sich mancher Mensch selbst, kennt seine Identität nicht mehr.

Die Widersprüche der Worte und Taten der Menschen fielen mir bereits in frühester Jugend auf. Dies war der Beginn meiner Lehrjahre, natürlich noch unbewusst, aufgrund meiner Jugend.

Wie jeder Mensch in unserer Gesellschaft hatte ich gewisse Anforderungen, Hindernisse und Prüfungen zu bewältigen. Ob man dies nun Karma, Los oder Schicksal nennt – es ist die Chance, zu lernen, sich weiter zu entwickeln. Seine wahre geistige Grösse zu erkunden und zu entdecken.

Mein Interesse galt sowohl der exoterischen als auch der esoterischen Welt, das heisst, der Entwicklung zu einem mündigen »selbstbestimmten«, bodenständigen Menschen.

Aufgrund dieser von mir gelebten Balance der Exoterik und Esoterik begegnete ich den für mich wichtigen, kompetenten Menschen. Darunter waren Meister, Schamanen, spirituelle Lehrer unterschiedlichster Kulturen. Dadurch erfuhr, erlebte ich auch, entsprechend der jeweiligen Kultur, deren Methoden und spirituelle Wege, um ins »Geheime« vordringen zu können.

Doch aufgrund meiner Hinterfragung bestimmter Vorgangsweisen bestätigte sich immer wieder, dass spezielle Techniken vom ursprünglichen Kulturkreis untrennbar sind. Dazu ein analoges Beispiel: Jede Pflanze benötigt zum optimalen Gedeihen den ihr entsprechenden Standort, die Bodenbeschaffenheit und das Klima. Und genauso verhält es sich bei esoterischen und spirituellen Wegen.

Wenn der Mensch dies akzeptiert, dem Leben positiv, optimistisch entgegentritt, gleich welcher Konfrontation, wird er im richtigen Augenblick, der richtigen Person begegnen, durch deren Hilfe er Klarheit, seinen exoterischen und esoterischen Weg findet, sein Talent optimal einsetzen kann.

So erging es auch mir. Bei meinen vergleichenden Studien verschiedenster Lehren in Theorie und Praxis begegnete ich meinem Lebenspartner. Gemeinsam beschritten wir ab diesem Zeitpunkt den spirituellen Weg, begegneten Weisen und Wissenden, fanden, erkannten die Quelle unseres spirituellen Ursprungs – das tradierte Wissen der Druiden der Kelten Mitteleuropas.

Durch unsere kontinuierliche und ausdauernde Arbeit auf dem spirituellen Pfad kam auch der Zeitpunkt der Wende, vom Lernenden zum Lehrenden.

Seither fanden viele Ratsuchende Hilfe bei uns, zu aktuellen Fragen des Lebens, um Klarheit, einen Überblick zu gewinnen. Jedoch nicht nur von Leid und Not Betroffene wandten sich an uns. Sondern auch Menschen, die gemeinsam mit anderen das Leben ganzheitlich gestalten, ins Geheime ihres Seins eindringen wollten, fanden den Weg zu uns.

Dabei entstand auch die Idee und die Umsetzung dieses »Ratgebers«, um jeder und jedem, wo und wie auch immer, einen Schubs, einen Anstoss aus oft scheinbar ausweglosen Situationen zu geben, um eine andere Perspektive zu gewinnen.

Das geschriebene Wort kann eine grosse Hilfe sein. Die persönliche Begegnung eröffnet neue Wege!

Für die tatkräftige Unterstützung danke ich meinem Lebenspartner Josef Ursol Wenzl und Brigitte Maurer.

Wien, Sommer 2015
Helga Tiadisa Wenzl

Mit diesem Ratgeber gibt Helga Tiadisa Wenzl, die 1950 in Wien das Licht der Welt erblickte, ihr Debüt als Buchautorin. Sie lebt und wirkt als Druidin, spirituelle Mentorin, Coachin, Komponistin, Musikerin, Lyrikerin, Erzählerin, Malerin …

Seit Jahrzehnten vermittelt sie auf unnachahmliche Weise das Wissen der Druiden Mitteleuropas. Dabei ermutigte und begleitete sie bislang unzählige Menschen, ihre spirituellen Wurzeln zu entdecken, ihr Ich zu ergründen und die daraus gewonnene Kraft in diesem Leben aktiv zu nutzen.

Öffentliche Auftritte:
- Lyrikerin, Liedtexterin
- Referentin / Vortragende an diversen Anlässen, unter anderem in Wien, München, Zürich, Bern
- Protagonistin einer ORF-Dokumentationssendung über Hexen / Druiden
- Komponistin / Interpretin der Traditionellen Barden Musik (Live-Konzerte / CDs)
- Interpretin von Wiener Liedern (Live-Konzerte / CDs)
- Malerin (Ausstellungen: Schweiz und Österreich)

Wiederbelebung:
- der keltischen Jahresfeste (seit 1984)
- der keltischen Musik am Beispiel der Traditionellen Barden Musik (seit 1990)
- der mündlichen Erzählkunst
- der Druidischen Heilmassage
- des Jahrtausende alten Astrologie-Wissens der Druiden, umgesetzt in Astro-Consulting

Kontemplative Bilder

»Keltische Mythologie« und »Mandalas«
Berührend und lebensbejahend stellt Helga Tiadisa Wenzl in ihren Bildern die unterschiedlichsten Episoden des Lebens dar. Bewusst greift sie dabei auf die Sprache der Einfachheit, der Natürlichkeit zurück.

Die abgebildeten Werke bilden einen wohltuenden Kontrast zum hektischen, reizüberfluteten Leben der Menschen von heute. Bei näherer Betrachtung können sie die unterschiedlichsten Ebenen und Welten erlebbar machen. Bekanntes wird geklärt, Vergessenes wachgerufen, Versöhnendes entdeckt, Stärkendes und Tröstendes erkannt.

Zyklus »Keltische Mythologie« 70 x 108 cm:
Entscheidung (S. 8), Mentoren (S. 18), Ragnarök (S. 28), Harmonie (S. 38), Kosmos (S. 48), Frieden (S. 58), Metamorphose (S. 68), Geis (S. 78)

Zyklus »Mandalas« 70 x 90 cm:
Wachsamkeit (S. 88), Vertrauen (S. 116)

Weitere Tätigkeiten im Rahmen ihrer spirituellen Arbeit:
- Vorträge, Ausstellungen
- Tagesseminare, Basisseminare, Aus- & Weiterbildungen
- Ritualarbeit, Astro-Consulting
- Ganzheitliche Spirituelle Beratung / Coaching
- Mandalas / Persönliche Kraftbilder
- und vieles mehr: unter www.druiden.at

Traditionelle Barden Musik © GSG:
interpretiert mit
Akkordeon, Marimba, Querflöte, Tuba, Perc., Gesang*
- CHEMBERI
  Ritual, Geburt des Windes, Intrada, Baumtanz,
  Freudentanz, Hochzeitstanz
- FESTIVAL
  Saturn dance, Erinnerung, Wassertanz, Allgrün,
  Zeitreise*, Balz arie, Ohr gasmus

Traditionelle Barden Musik © GSG / Helga Tiadisa Wenzl:
interpretiert mit Marimba, Gitarre, Gesang*
- EVOLUTION
  Schicksalsrad*, Totentanz*, Widerhall*, Die Kunst*,
  Hexentanz
- REINKARNATION
  Erinnerung* (innocente – passionato – di tutto
  cuore), Baumtanz, Völuspa*, Die Befreiung
- MEDITATION I
  Krepelar*, Intrada animato, Erinnerung la melodia,
  Ritorno

Radiosendungen:
- Ost-West-Dialog:
  R. Tagore, IND / H. T. Wenzl, A: Zwei Kulturen …
- Traditionelle Barden Musik:
  am Beispiel der CD Chemberi
- Walpurgis: Ein Fest der Kelten
  Musik: grossteils von CD Festival

Seite 07: aus CD Evolution
Seite 17: aus CD Meditation I
Seite 67: aus CD Reinkarnation

Adressen

Kontakt: Vorträge, Seminare etc.

Österreich:
Helga Tiadisa Wenzl, Wien
www.druiden.at
druiden-mail@gmx.net

Schweiz:
Brigitte Maurer, Zürich
www.astroconsult.ch
www.wirtschaftsastrologie.ch
astro@maukom.ch